Ausbildungsliteratur

Kraftfahrtversicherung

Kaufmann für Versicherungen und Finanzen
Kauffrau für Versicherungen und Finanzen

Geprüfter Versicherungsfachmann IHK
Geprüfte Versicherungsfachfrau IHK

Ausbildungsliteratur

Kraftfahrtversicherung

Kaufmann für Versicherungen und Finanzen
Kauffrau für Versicherungen und Finanzen

Geprüfter Versicherungsfachmann IHK
Geprüfte Versicherungsfachfrau IHK

Herausgegeben vom Berufsbildungswerk
der Deutschen Versicherungswirtschaft (BWV) e.V.

Bibliografische Information der Deutschen Nationalbibliothek

Die Deutsche Nationalbibliothek verzeichnet diese Publikation
in der Deutschen Nationalbibliografie;
detaillierte bibliografische Daten sind im Internet über
http://dnb.d-nb.de abrufbar.

Herausgegeben vom Berufsbildungswerk
der Deutschen Versicherungswirtschaft (BWV) e.V.

Autoren:
Hubert Holthausen   Köln
Alexandra Kallmeier   Köln

Verantwortlicher Redakteur:
Hubert Holthausen   Köln

Anregungen und Kritik bitte an: Ausbildungsliteratur@vvw.de

© 2012   Verlag Versicherungswirtschaft GmbH   Karlsruhe

Satz: Susanne Rihm Eggenstein
Druck: Kösel Krugzell

ISBN 978-3-89952-270-9

Vorwort

Eine wesentliche Konstante der Ausbildung in der Versicherungswirtschaft ist die Vermittlung von rechtlichen Inhalten auf dem aktuellsten
Stand. Mit der Neuerscheinung „Kraftfahrtversicherung" der Ausbildungsliteratur trägt das Berufsbildungswerk der Deutschen Versicherungswirtschaft (BWV) e.V. dazu bei, diesem Qualitätsanspruch gerecht
zu werden.

Von der Risikoanalyse und -bewältigung über die versicherten
Leistungen bis hin zur Beitrags- und Leistungsberechnung werden die
Lernenden systematisch in die Materie eingeführt. Diese Kenntnisse
und Fertigkeiten sind unabdingbar für eine qualifizierte Kundenberatung
und -betreuung.

Der vorliegende Band wurde konzipiert für die Auszubildenden im Beruf
„Kaufmann/Kauffrau für Versicherungen und Finanzen". Er nimmt
Bezug auf die Lernfelder des Rahmenlehrplans für den Aus-
bildungsberuf. Diese sind in den jeweiligen Kapiteln optisch hervor-
gehoben.

Alle versicherungsrechtlichen Inhalte beziehen sich auf

Lernfeld 2   – Versicherungsverträge anbahnen

Lernfeld 11   – Kunden beim Abschluss von Kraftfahrtversiche-
              rungen beraten und Verträge bearbeiten

Lernfeld 15   – Schaden- und Leistungsmanagement durchführen

Der Band eignet sich ebenso hervorragend für die Ausbildung Ge-
prüfte/-r Versicherungsfachmann/-fachfrau IHK bzw. für die Fortbildung
Geprüfte/-r Fachwirt/Fachwirtin für Versicherungen und Finanzen (IHK).

Alle Beispiele beziehen sich ausschließlich auf das aktuelle Bedingungswerk 2, Proximus Versicherung.

Unser Dank gilt all denen, die durch kritische und konstruktive Anregungen zum vorliegenden Band beigetragen haben.

Allen Lernenden wünschen wir viel Erfolg bei ihrer Ausbildung und
Prüfung!

München, im Januar 2012

Inhaltsverzeichnis

Leider ist es kaum vermeidbar, dass Buchinhalte aufgrund von Gesetzes-
änderungen in immer kürzer werdenden Abständen schon bald nach Druck-
legung nicht mehr dem neuesten Stand entsprechen.

Beachten Sie bitte daher stets unseren Aktualisierungsservice auf unserer
Homepage unter www.vvw.de→Service→Ergänzungen/Aktualisierungen
Dort halten wir für Sie wichtige und relevante Änderungen und Ergänzungen
zum Download bereit.

Abbildungsverzeichnis

Abkürzungsverzeichnis

AKB	Allgemeine Bedingungen für die Kraftfahrzeug-versicherung
AuslPflVG	Ausländer-Pflichtversicherungsgesetz
BAK	Beitragsanpassungsklausel
BGB	Bürgerliches Gesetzbuch
GDV	Gesamtverband der Deutschen Versicherungs-wirtschaft e. V.
KfzPflVV	Kfz-Pflichtversicherungsverordnung
KH	Kfz-Haftpflichtversicherung
PflVG	Pflichtversicherungsgesetz
QV	Quotenvorrecht
SB	Selbstbeteiligung
SF-Klasse	Schadenfreiheitsklasse
SFR	Schadenfreiheitsrabatt
StVG	Straßenverkehrsgesetz
StVZO	Straßenverkehrs-Zulassungs-Ordnung
TK	Teilkasko
VAG	Versicherungsaufsichtsgesetz
VK	Vollkaskoversicherung
VVG	Versicherungsvertragsgesetz
WKZ	Wagniskennziffer
ZFZR	Zentrales Fahrzeugregister

Kraftfahrtversicherung

Lernziele

In diesem Band erwerben Sie Kenntnisse und Fertigkeiten, mit denen Sie dem Kunden im Kraftfahrtversicherungsbereich den Versicherungsbedarf ermitteln, Proximus-Angebote erstellen, bei Risikoänderungen, Vertragsanpassungen und im Schadenfall eine Deckungsprüfung vornehmen können.

Sie

- beurteilen den Bedarf des zukünftigen KFZ-Kunden
- informieren Kunden über die Versicherungspflicht
- unterbreiten Vorschläge zur Risikoabsicherung im KFZ-Bereich
- erläutern den Entschädigungsfonds/die Verkehrsopferhilfe
- erläutern die Besonderheit der vorläufigen Deckungszusage im KFZ-Bereich
- beschreiben den Geltungsbereich der KFZ-Versicherung
- stellen die Bedeutung der IVK-Karte (grüne Karte) in einem Kundengespräch heraus
- wenden die Beiträge des Proximus-Tarifes an, erklären den gesamten Tarif und errechnen die optimalen Tarifkombinationen
- unterscheiden die Gefährdungshaftung von der Verschuldenshaftung
- verdeutlichen den Direktanspruch des Anspruchstellers an den KFZ-Haftpflichtversicherer
- beschreiben die versicherten Schäden an Beispielen der KFZ-Haftpflichtversicherung
- beschreiben die versicherten Gefahren in der Fahrzeug-Teil- und -Vollversicherung
- erläutern die Einschränkungen des Kaskoversicherungsschutzes
- stellen das Quotenvorrecht anhand eines Beispiels dar
- informieren über die Leistungsarten in der Insassenunfallversicherung
- stellen die Besonderheit von Fahrer-Plus und Insassen-Plus heraus
- beschreiben den Personenkreis nach dem Autoschutzbrief
- stellen den Kundennutzen für den Abschluss eines Autoschutzbriefes heraus
- prüfen im Versicherungsfall die Leistungspflicht und wenden gesetzliche und vertragliche Regelungen an
- wickeln den Versicherungsfall bei Teil- und Vollkaskoversicherung ab und berechnen die Entschädigung

1. Grundlagen des Kraftfahrt-Versicherungsvertrages

▶ **Situation**

Ihre Kundin, Frau Daubert, hat sich beruflich verändert. Um ihren neuen Arbeitsplatz zu erreichen, ist das bequemste Fortbewegungsmittel das Auto. Aus ihren Ersparnissen will sie sich einen schicken Flitzer kaufen. Es ist ihr erstes eigenes Auto – und das soll gut versichert sein. Da sich Frau Daubert nicht sehr gut auskennt, möchte sie nun von Ihnen über alle wichtigen Dinge rund um die Kfz-Versicherung informiert werden.

1.1 Bedeutung der Kraftfahrtversicherung

▶ **Erläuterung**

Der ständig wachsende Lebensstandard in allen Bereichen der Gesellschaft wirkt sich auch im Kraftfahrtbereich aus. Immer mehr und häufigere Neuzulassungen bewirkten, dass der Anteil an Neufahrzeugen stetig gestiegen ist. Auch der Kaufpreis eines Kraftfahrzeugs hat heute einen hohen Stand erreicht. Durch eine ständige Gefährdung des Eigentums, beispielsweise durch Entwendung, Feuer oder selbst verschuldete Schäden am eigenen Fahrzeug, können hohe finanzielle Verluste im Schadenfall eintreten. Darüber hinaus können bei Verletzungen anderer Personen oder Beschädigungen fremden Eigentums, die mit dem Fahrzeug verursacht werden, hohe Schadenersatzansprüche die Folge sein.

Die Gefahr vor finanziellen Verlusten und die damit verbundene Existenzgefährdung kann im Rahmen der Kraftfahrtversicherung in verschiedenen Bereichen durch folgende Versicherungen gemindert bzw. ausgeschlossen werden:

▪ Haftpflichtversicherung

▪ Fahrzeugversicherung (Kasko)

▪ Insassenunfallversicherung

Die konsequente Ausstattung der Kraftfahrzeuge mit Wegfahrsperren zeigt seit Jahren einen erfolgreichen Trend. Die Zahl der Pkw-Totalentwendungen reduzierte sich jährlich von 28.674 Pkw im Jahr 2004 über 16.502 im Jahr 2007. Im Jahre 2009 stieg die Zahl der Totalentwendungen wieder auf 18.125 an.

Diebstahl versicherter Kraftfahrzeuge nach Zahl und Schadenaufwand

Totalentwendungen und Schadenaufwand für Kraftfahrzeuge aller Art in der Kaskoversicherung				
Meldejahr	Anzahl		Schadenaufwand in Mio € (gerundet)	
	alle Kfz	davon Pkw	alle Kfz	davon Pkw
2005	46.562	23.771	370	253
2006	41.632	18.965	318	211
2007	38.813	16.502	275	178
2008	37.621	16.134	272	176
2009	37.964	18.215	315	219
2010	36.551	19.503	348	257

Quelle: GDV-Jahrbuch 2011

Der geringsten Entwendungsgefahr, bezogen auf die Häufigkeit pro
1.000 Pkw, unterliegen nach der GDV-Statistik Autofahrer aus Bayern,
Baden-Württemberg und Rheinland-Pfalz.

Diebstahl versicherter Pkw nach Bundesländern

Länder	Versicherungsfälle absolut			je 1 000 Pkw Häufigkeit	
	2008	2009	Veränderung ggü. Vorjahr in %	2008	2009
Nordrhein-Westfalen	3.653	3.543	– 3,0	0,5	0,5
Berlin	2.223	3.020	35,9	2,6	3,5
Niedersachsen	1.522	1.642	7,9	0,5	0,5
Sachsen	1.208	1.578	30,6	0,7	1,0
Brandenburg	1.205	1.403	16,4	1,2	1,4
Bayern	1.086	1.164	7,2	0,2	0,2
Baden-Württemberg	899	923	2,7	0,2	0,2
Hessen	847	921	8,7	0,3	0,3
Hamburg	787	909	15,5	1,4	1,6
Schleswig-Holstein	698	791	13,3	0,6	0,6
Sachsen-Anhalt	572	692	21,0	0,6	0,8
Mecklenburg-Vorpommern	474	520	9,7	0,8	0,8
Rheinland-Pfalz	349	405	16,0	0,2	0,2
Thüringen	279	387	38,7	0,3	0,4
Bremen	173	165	– 4,6	0,8	0,8
Saarland	116	107	– 7,8	0,2	0,2
Bundesgebiet	**16.134**	**18.215**	**12,9**	**0,5**	**0,5**

1) hochgerechnet auf 100 % Marktvolumen – Quelle: GDV-Jahrbuch 2010

LF 2

LF 11

LF 15

Was Autounfälle im Schnitt kosten

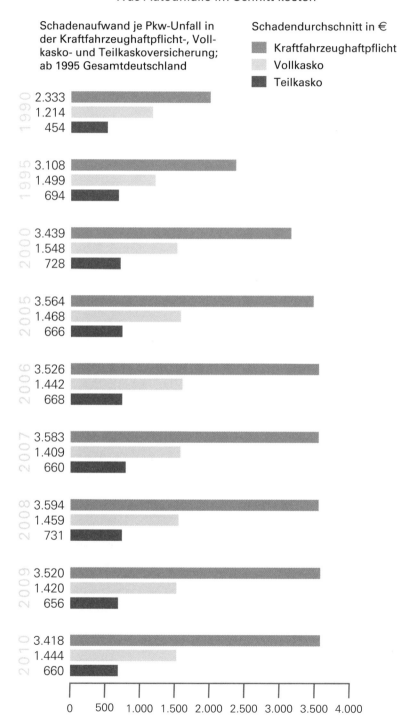

Schadenaufwand je Pkw-Unfall in der Kraftfahrzeughaftpflicht-, Voll-kasko- und Teilkaskoversicherung; ab 1995 Gesamtdeutschland

Schadendurchschnitt in €

Kraftfahrzeughaftpflicht
Vollkasko
Teilkasko

1990
2.333
1.214
454

1995
3.108
1.499
694

2000
3.439
1.548
728

2005
3.564
1.468
666

2006
3.526
1.442
668

2007
3.583
1.409
660

2008
3.594
1.459
731

2009
3.520
1.420
656

2010
3.418
1.444
660

0 500 1.000 1.500 2.000 2.500 3.000 3.500 4.000

Quelle: GDV-Jahrbuch 2011

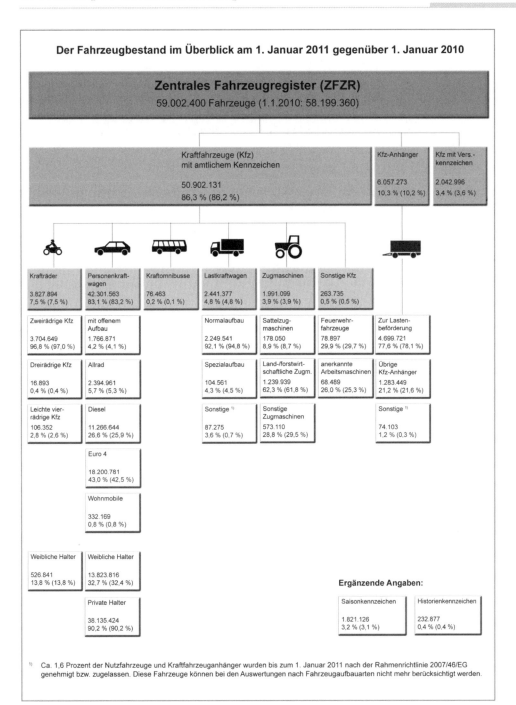

Der Fahrzeugbestand im Überblick am 1. Januar 2011 gegenüber 1. Januar 2010

Zentrales Fahrzeugregister (ZFZR)
59.002.400 Fahrzeuge (1.1.2010: 58.199.360)

Kraftfahrzeuge (Kfz) mit amtlichem Kennzeichen	Kfz-Anhänger	Kfz mit Vers.-kennzeichen
50.902.131 86,3 % (86,2 %)	6.057.273 10,3 % (10,2 %)	2.042.996 3,4 % (3,6 %)

Krafträder	Personenkraft-wagen	Kraftomnibusse	Lastkraftwagen	Zugmaschinen	Sonstige Kfz
3.827.894 7,5 % (7,5 %)	42.301.563 83,1 % (83,2 %)	76.463 0,2 % (0,1 %)	2.441.377 4,8 % (4,8 %)	1.991.099 3,9 % (3,9 %)	263.735 0,5 % (0,5 %)

Zweirädrige Kfz	mit offenem Aufbau		Normalaufbau	Sattelzug-maschinen	Feuerwehr-fahrzeuge	Zur Lasten-beförderung
3.704.649 96,8 % (97,0 %)	1.766.871 4,2 % (4,1 %)		2.249.541 92,1 % (94,8 %)	178.050 8,9 % (8,7 %)	78.897 29,9 % (29,7 %)	4.699.721 77,6 % (78,1 %)

Dreirädrige Kfz	Allrad		Spezialaufbau	Land-/forstwirt-schaftliche Zugm.	anerkannte Arbeitsmaschinen	Übrige Kfz-Anhänger
16.893 0,4 % (0,4 %)	2.394.961 5,7 % (5,3 %)		104.561 4,3 % (4,5 %)	1.239.939 62,3 % (61,8 %)	68.489 26,0 % (25,3 %)	1.283.449 21,2 % (21,6 %)

Leichte vier-rädrige Kfz	Diesel		Sonstige [1]	Sonstige Zugmaschinen		Sonstige [1]
106.352 2,8 % (2,6 %)	11.266.644 26,6 % (25,9 %)		87.275 3,6 % (0,7 %)	573.110 28,8 % (29,5 %)		74.103 1,2 % (0,3 %)

	Euro 4
	18.200.781 43,0 % (42,5 %)

	Wohnmobile
	332.169 0,8 % (0,8 %)

Weibliche Halter	Weibliche Halter
526.841 13,8 % (13,8 %)	13.823.816 32,7 % (32,4 %)

Ergänzende Angaben:

	Private Halter
	38.135.424 90,2 % (90,2 %)

Saisonkennzeichen	Historienkennzeichen
1.821.126 3,2 % (3,1 %)	232.877 0,4 % (0,4 %)

[1] Ca. 1,6 Prozent der Nutzfahrzeuge und Kraftfahrzeuganhänger wurden bis zum 1. Januar 2011 nach der Rahmenrichtlinie 2007/46/EG genehmigt bzw. zugelassen. Diese Fahrzeuge können bei den Auswertungen nach Fahrzeugaufbauarten nicht mehr berücksichtigt werden.

© Statistische Mitteilungen des Kraftfahrt-Bundesamtes, veröffentlicht im Februar 2011

LF 2

LF 11

LF 15

Die Zahl der gemeldeten Kfz-Haftpflichtschäden war 2009 steigend. Von den gemeldeten fast 3,37 Mio. Schadenfällen bezogen sich mehr als 2,66 Mio. auf die Pkw-Haftpflichtversicherung.

Der durchschnittliche Aufwand pro Schaden steigt dagegen immer weiter nach oben. In der Pkw-Haftpflichtsparte betrug die Schadenhöhe 2009 etwa 3.520 € pro Schaden. Dagegen fiel der durchschnittliche Schadenaufwand in der Teil- und Vollkasko auf 656 € bzw. 1.420 €.

1.2 Versicherungspflicht und Pflichtversicherungsgesetz

▶ Situation

Herr Fischer, Angestellter im öffentlichen Dienst, ist Halter eines Pkws (Eigenverwendung) und möchte sein Kfz beim Straßenverkehrsamt anmelden. Er ist gesetzlich verpflichtet, vorher eine Haftpflichtversicherung abzuschließen. Herr Fischer geht zur Hauptverwaltung Ihrer Gesellschaft und verlangt die für die Zulassung erforderliche Versicherungsbestätigung.

Aus Ihren Unterlagen erkennen Sie, dass Herr Fischer schon einmal bei Ihrer Gesellschaft versichert war. Der Vertrag wurde seinerzeit nach einem regulierten Schaden vom Versicherer gekündigt. Sie verweigern daraufhin die Ausgabe der Versicherungsbestätigung. Herr Fischer beruft sich auf § 5 Abs. 2 PflVG und besteht auf die Verpflichtung des Versicherers, den in § 1 PflVG genannten Personen (Kfz-Halter) Versicherungsschutz zu gewähren.

Können Sie die Ausgabe der Versicherungsbestätigung verweigern?

Versicherungspflicht

§ 1 PflVG

§ 1 StVG

„Der Halter eines Kraftfahrzeugs oder Anhängers mit regelmäßigem Standort im Inland ist verpflichtet,

- für sich
- den Eigentümer und
- den Fahrer

eine Haftpflichtversicherung zur Deckung der durch den Gebrauch des Fahrzeugs verursachten

- Personenschäden
- Sachschäden
- und sonstigen Vermögensschäden

abzuschließen und aufrechtzuerhalten, wenn das Fahrzeug auf öffentlichen Wegen oder Plätzen verwendet wird.

Kraftfahrzeug

§ 1 StVG

Ein Kraftfahrzeug ist jedes Landfahrzeug, das durch Maschinenkraft bewegt wird, ohne an Bahngleise gebunden zu sein. Anhänger sind keine Kraftfahrzeuge.

Fahrer

Fahrer ist derjenige, der das Fahrzeug steuert oder eine typische Fahrertätigkeit ausübt, z. B. Lkw zum Abkippen der Ladung vorbereiten.

Halter

Halter ist nach der Rechtsprechung derjenige, der das Kfz für eigene Rechnung im Gebrauch hat und die Verfügungsgewalt besitzt (wirtschaftlicher Eigentümer).

Eigentümer

Eigentümer ist derjenige, dem das Fahrzeug rechtlich gehört.

Ausnahmen von der Versicherungspflicht (Befreiungen)

§ 2 PflVG
§ 18 StVZO

bestimmte Halter

- Bundesrepublik
- Länder
- Gemeinden über 100.000 Einwohner
- Gemeindeverbände sowie Zweckverbände (Körperschaften des öffentlichen Rechts, Wasser- und Energieversorgung)

bestimmte Fahrzeuge

- Kfz, deren durch die Bauart bestimmte Höchstgeschwindigkeit 6 km/h nicht übersteigt
- selbstfahrende Arbeitsmaschinen, deren Höchstgeschwindigkeit 20 km/h nicht übersteigt
- nicht zulassungspflichtige Anhänger (z. B. Anhänger für landw. Zugmaschinen)

Kontrahierungszwang/Annahmezwang des Kraftfahrzeug-Haftpflichtversicherers

§ 5 PflVG
§ 4 Abs. 2 PflVG

Der Versicherer muss den Antrag des Herrn Fischer auf Abschluss einer Kraftfahrt-Haftpflichtversicherung grundsätzlich bis zur Höhe der gesetzlichen Mindestdeckungssummen annehmen:

- Personenschäden bis 7,5 Mio. €
- Sachschäden bis 1 Mio. €
- Vermögensschäden bis 50.000 €.

Diese Mindestdeckungssummen gelten seit dem 1.7.1997 und beziehen sich auf neu abgeschlossene und bereits bestehende Kfz-Verträge.

Die im Straßenverkehrsgesetz aufgeführten Höchst-Haftungssummen, bis zu deren Höhe der Verursacher maximal im Rahmen der Betriebsgefahr haftet, **betragen zur Zeit:**

- bei Verletzung oder Tötung einer Person bis 600.000 € Kapitalbetrag oder 360.000 € Jahresrente
- bei Verletzung oder Tötung mehrerer Personen bis insgesamt 3 Mio. € oder 300.000 € Jahresrente
- bei Sachschäden je Schadensereignis bis insgesamt 300.000 €

▶ **Hinweis**

Im Falle einer entgeltlichen geschäftsmäßigen Personenbeförderung gelten die genannten Beschränkungen zum Personenschaden nicht für den ersatzpflichtigen Halter des Kfz oder Anhängers.

Der Annahmezwang bezieht sich nach wie vor auf versicherungspflichtige Kraftfahrzeuge – Pkw, Krad, Kombi-Kfz – und nur auf die Kfz-Haftpflichtversicherung.

LF
2

Die Annahmefiktion des Versicherers gibt es schon seit dem 1.1.1995:   § 5 Abs. 3 PflVG

LF
11

Anträge für Zweiräder, Personen- und Kombinationskraftwagen bis 1 t Nutzlast (ohne Taxen, Personenmietwagen und Selbstfahrervermietfahrzeuge) gelten als angenommen, wenn der Versicherer nicht innerhalb von zwei Wochen den Antrag schriftlich ablehnt oder ein neues Angebot unterbreitet. Bei allen anderen Fahrzeugen gilt diese Zwei-Wochenfrist nicht.

LF
15

Ausnahmen vom Kontrahierungszwang   § 5 Abs. 4 PflVG

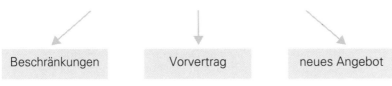

| Beschränkungen | Vorvertrag | neues Angebot |

Beschränkungen

Hierunter versteht man sachliche oder örtliche Beschränkungen im Geschäftsplan. Der Versicherer versichert z. B. nur Beamte oder ist nur regional tätig.

Vorvertrag

Der Versicherer kann den Antrag ablehnen, wenn er den Vorvertrag aus einem der folgenden Gründe aufgehoben hat:

- Anfechtung (wegen Drohung oder arglistiger Täuschung)
- Rücktritt (wegen Nichtzahlung der Erstprämie oder Verletzung der vorvertraglichen Anzeigepflicht)
- Kündigung (wegen Nichtzahlung der Folgeprämie oder aufgrund eines Versicherungsfalls)

▶ Beispiel

Der Kunde, Herr Dust, erhält von der Proximus Versicherung eine Versicherungsbestätigung zur Zulassung seines Pkw. Er unterschreibt den Antrag und erhält wie gewünscht vorläufige Deckung in folgenden Bereichen:

KH: unbegrenzte Deckung

VK: SB 300 €, einschl. TK ohne Selbstbeteiligung

Der Sachbearbeiter der Proximus Versicherung stellt fest, dass Herr Dust vor einigen Wochen vom Vorversicherer wegen Nichtzahlung des Folgebeitrags gem. § 38 VVG gekündigt wurde.

Wie reagiert der Sachbearbeiter der Proxismus Versicherung? Muss der Versicherer den Antrag annehmen?

Lösung

Hier liegt keine Ausnahme vom Kontrahierungszwang vor, da Herr Dust bisher kein Kfz bei der Proximus Versicherung versichert hatte, das gekündigt wurde. Die Proximus Versicherung muss den Antrag daher annehmen. Nach dem Pflichtversicherungsgesetz (§ 3) bezieht sich der Kontrahierungszwang lediglich auf die Kfz-Haftpflicht bis zur gesetzlichen Mindestdeckungssumme, mit der Folge, dass der Sachbearbeiter der Proximus Versicherung Folgendes veranlassen wird:

1. Teilkündigung der vorläufigen Deckung in der Kfz-Haftpflicht. Reduzierung der unbegrenzten Deckung lt. Antrag auf gesetzliche Mindestdeckung.

2. Kündigung der vorläufigen Deckung in der Kaskoversicherung.

Die Proximus Versicherung kündigt mit Frist von einer Woche; d. h. der Kunde hat eine Woche nach Zugang der Kündigung keinen Versicherungsschutz mehr in der Kaskoversicherung und in der Kfz-Haftpflichtversicherung nur noch bis zu den gesetzlichen Mindestdeckungssummen.

Ist Herr Dust mit dieser Teilkündigung des beantragten Versicherungsschutzes nicht einverstanden, kann er das „Angebot" der Proximus Versicherung ablehnen und den gesamten Vertrag aufheben lassen. Für die Dauer, für die Versicherungsschutz gewährt wurde (einschl. vorläufige Deckung), rechnet die Proximus Versicherung nach Tagen ab.

Neues Angebot

§ 5 Abs. 3 PflVG   Wenn der Versicherer wegen einer nachweisbar höheren Gefahr ein vom allgemeinen Unternehmenstarif abweichendes Angebot innerhalb von zwei Wochen schriftlich unterbreitet (§ 81 e VAG beachten), gilt der Vertrag ebenfalls nicht als angenommen. Akzeptiert der Versicherungsnehmer das Angebot nicht, kann der Versicherer die „Vorläufige Deckung" mit Frist von einer Woche schriftlich kündigen.

1.2.1 Ausländer-Pflichtversicherungsgesetz

Kraftfahrzeuge mit regelmäßigem Standort im Ausland müssen bei Einreise in die Bundesrepublik Deutschland analog zu § 1 PflVG ausreichend versichert sein. Ist eine Nachversicherung erforderlich, kann an der Grenze ein so genannter „Grenzversicherungsschein" gelöst werden.

LF
2

1.2.2 Versicherungsnachweis bei Auslandsfahrten

Grüne Versicherungskarte

Diese Karte dient als Nachweis, dass für ein Kfz eine Haftpflichtversicherung besteht. In den EU-Mitgliedstaaten und einigen anderen Staaten wird das amtliche Fahrzeugkennzeichen als ausreichender Nachweis angesehen.

LF
11

LF
15

1.2.3 Entschädigungsfonds/Verkehrsopferhilfe

Zum Schutz der Verkehrsopfer wurde der Verein „Verkehrsopferhilfe e.V." in Hamburg gegründet. Ihm sind alle Kraftfahrtversicherer, auch die ausländischen Versicherungsunternehmen, die in Deutschland die Kfz-Haftpflichtversicherung betreiben, beigetreten.

§ 12 PflVG

Die Verkehrsopferhilfe ersetzt dem Geschädigten den aus einem Verkehrsunfall entstandenen Schaden, wenn bezüglich des Schadenverursachers eine der folgenden Voraussetzungen vorliegt:

- Unfallflucht des Verursachers (Fahrer und Kfz bleiben unbekannt)
- die erforderliche Kfz-Haftpflicht besteht nicht
- die Kfz-Haftpflichtversicherung gewährt keinen Versicherungsschutz, da der Schaden vom Verursacher vorsätzlich und widerrechtlich verursacht wurde.

Der Anspruchsteller muss aber gegenüber der Verkehrsopferhilfe nachweisen, dass für seine geltend gemachten Schadenspositionen keine anderweitige Ersatzmöglichkeit des Schadens (z. B. durch eine Kaskoversicherung, durch Lohnfortzahlung, direkt beim Verursacher bzw. Fahrer oder Halter, durch eine Krankenkasse oder Krankenversicherung) besteht.

Ersatzleistungen

Die Verkehrsopferhilfe ersetzt den Schaden einer verletzten Person bis maximal 2,5 Mio. € (ab drei verletzten Personen bis max. 7,5 Mio. €).

Sachschäden werden bis 500.000 € erstattet. Vermögensschäden werden nicht ersetzt.

Besonderheiten bei Unfallflucht

- Personenschäden werden ersetzt
- Schmerzensgeld nur bei besonders schwerwiegenden Verletzungen
- Fahrzeugschäden werden nicht ersetzt
- für sonstige Sachschäden (z. B. am Gebäude) wird der Betrag ersetzt, der 500 € übersteigt.

1.2.4   Konkurssicherung

§§ 12, 13 PflVG

Zum Schutze des Verkehrsopfers wurde mit der Öffnung des EU-Binnenmarktes für den Versicherungsbereich auch eine Konkurssicherung, die das Risiko der Zahlungsunfähigkeit eines Kfz-Versicherers (auch ausländisches Unternehmen) übernimmt, installiert.

Diese Aufgabe wird vom Entschädigungsfonds wahrgenommen. Der Fonds ist zum Eintritt verpflichtet, wenn über das Vermögen des leistungspflichtigen Versicherers ein Insolvenzverfahren eröffnet worden ist. In Insolvenzfällen können die Verkehrsopfer **nicht** auf anderweitige Ersatzmöglichkeiten (z. B. beim Verursacher, Halter, eigene Kasko, Krankenkasse usw.) verwiesen werden. Der Fonds muss den Geschädigten entschädigen, kann aber anschließend vom Versicherungsnehmer, Halter bzw. Fahrer bis zu 2.500 € Beteiligung pro Person fordern.

1.2.5   Rechtsquellen und vertragliche Vereinbarungen

Die für den Kraftfahrtversicherungs-Vertrag wichtigsten **gesetzlichen** Bestimmungen und Verordnungen sind aufgeführt im

- Pflichtversicherungsgesetz (PflVG)
- Ausländer-Pflichtversicherungsgesetz (AuslPflVG)
- Versicherungsvertragsgesetz (VVG)
- Versicherungsaufsichtsgesetz (VAG)
- Kfz-Pflichtversicherungsverordnung (KfzPflVV)

Die wichtigsten **vertraglichen** Vereinbarungen zwischen Versicherer und Versicherungsnehmer sind geregelt in den

- Allgemeinen Bedingungen für die Kraftfahrtversicherung (AKB)
- Tarifen (Tarifbestimmungen und Beitragsteil)

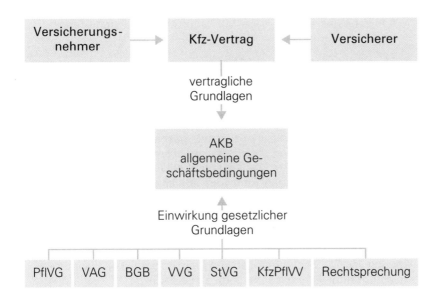

1.3 Versicherungsbeginn

▶ Beispiel

Herr Fischer unterschreibt am 4.1. einen Antrag auf Abschluss
einer Kfz-Versicherung für seinen Pkw, der übermorgen, am
6.1., als Neufahrzeug vom Händler zugelassen wird. Er beantragt folgenden Versicherungsumfang:

■ Haftpflicht unbegrenzt

■ Vollkasko 300 € Selbstbeteiligung/Teilkasko 150 € Selbstbeteiligung

■ Insassenunfallversicherung 20.000 €/60.000 €

Danach beginnt der materielle und technische Versicherungsschutz am 6.1. und der formelle Versicherungsschutz am 4.1.

1.3.1 Antrag und Annahme

Der Kraftfahrtversicherungsvertrag wird wie jeder andere privatrechtli-
che Vertrag geschlossen. Nachdem der Antragsteller Fischer den Antrag, an den er einen Monat gebunden ist **(Antragsbindefrist)**, beim
Versicherer eingereicht hat, wird der Antrag nach Prüfung angenommen oder abgelehnt.

Die Annahme des Antrags in der Kfz-Haftpflichtversicherung kann

§ 5 Abs. 3 PflVG

- schriftlich bestätigt werden oder
- durch die Zusendung des Versicherungsscheines oder
- durch die Annahmefiktion erfolgen.

§ 4 Abs. 2 PflVG

Der Vertrag ist für Herrn Fischer zustande gekommen, da der Kraftfahrzeug-Haftpflichtversicherer innerhalb einer Frist von **2 Wochen** ab Antragseingang die vorläufige Deckung **nicht** gekündigt oder wegen einer nachweisbar höheren Gefahr **kein** vom Tarif abweichendes Angebot schriftlich unterbreitet hat. Der Versicherer kann dann lediglich den beantragten Versicherungsschutz bis auf die gesetzliche Mindestdeckungssummen kündigen.

Die Staatsangehörigkeit des Versicherungsnehmers darf bei der Anwendung von Tarifbestimmungen und Prämienkalkulation keine Rolle spielen (Diskriminierungsverbot gem. § 81 e VAG).

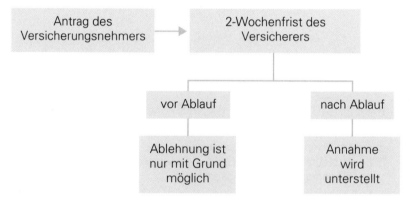

Die Ablehnungsgründe sind unter 1.2 „Kontrahierungszwang" aufgeführt.

Abweichungen zwischen Antrag und Versicherungsschein

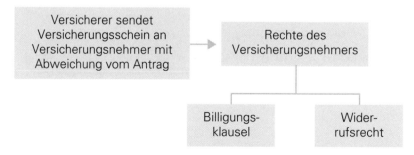

Billigungsklausel

Wenn der Versicherungsschein von den im Antrag enthaltenen Anga-   § 5 VVG
ben abweicht (z. B. zu hoher Beitrag), gilt die Abweichung als genehmigt, wenn der Versicherungsnehmer innerhalb eines Monats nicht
widerspricht.

Voraussetzung

Der Versicherer muss den Versicherungsnehmer bei Zusendung der
Versicherungspolice auf die Abweichung und die Widerspruchsmöglich-
keit hingewiesen haben. Fehlt der Hinweis, ist der Inhalt des Versiche-
rungsantrages als verbindlich anzusehen.

LF 2

LF 11

LF 15

Widerrufsrecht

Hat der Versicherer dem Versicherungsnehmer bei Antragstellung die   § 8 VVG
Verbraucherinformationen (§ 10 a VAG) und die Versicherungsbedingungen nicht ausgehändigt, hat der Versicherungsnehmer die Möglichkeit,
bis 14 Tage nach Zusendung der v. g. Unterlagen zu widersprechen.

Folge

Der Vertrag wird als schwebend unwirksam angesehen. Falls der Versicherungsnehmer bis Fristablauf nicht reagiert hat, gilt der Vertrag ab
Beginn als zustande gekommen.

Ausnahme

Wenn der Versicherungsnehmer sofortigen Versicherungsschutz erhält
(vorläufige Deckung), hat der Versicherungsnehmer kein Widerspruchsrecht. Es kann vereinbart werden, dass die Verbraucherinformationen
und Versicherungsbedingungen nicht bei Antragstellung überlassen
werden. Der Versicherer muss diese aber spätestens mit Übersendung
des Versicherungsscheines aushändigen. In der Kfz-Versicherung hat
der Versicherungsnehmer bei Zugang ein Widerspruchsrecht, da nach
Ablauf der vorläufigen Deckung der „Hauptvertrag" zustande kommen
soll.

1.3.2 Vorläufige Deckungszusage

Grundsätzlich beginnt der Versicherungsschutz erst mit der Einlösung   B. 1 / B. 2 AKB 2008
des Versicherungsscheines. Im Rahmen einer vorläufigen Deckungszu-
sage, die vom Versicherer oder hierzu bevollmächtigten Personen aus-
drücklich zu bestätigen ist, kann der Versicherungsschutz für Herrn Fischer schon vorher beginnen. In der Kraftfahrt-Haftpflichtversicherung
gilt die Aushändigung der elektronischen **Versicherungsbestätigungskarte** bereits als vorläufige Deckungszusage.

Die vorläufige Deckung ist ein rechtlich selbstständiger Vertrag, der mit   §§ 49 ff. VVG
Einlösung der Versicherungspolice erlischt. Sie tritt rückwirkend außer   B. 2.5 AKB 2008

Kraft, wenn der Antrag unverändert angenommen, der Versicherungsschein aber nicht spätestens innerhalb von **14 Tagen** eingelöst wird
und der Versicherungsnehmer die Verspätung zu vertreten hat. Der Versicherungsnehmer hat dann ab Beginn keinen Versicherungsschutz
mehr. Der § 38 VVG findet ebenfalls Anwendung.

§ 9 KfzPflVV
B. 2.1 AKB 2008

Nach der KfzPflVV beginnt der Versicherungsschutz, wenn die Versicherungsbestätigungskarte beim Straßenverkehrsamt vorgelegt wird.
Dieses gilt bei Neuzulassungen, Fahrzeugwechsel und Versicherer-
wechsel. Dieser genannte Zeitpunkt kann als spätester Versicherungsbeginn angesehen werden. Ist als Beginn „Tag der Zulassung" angegeben, sind auch Fahrten zum Straßenverkehrsamt zwecks Zulassung
bzw. Ummeldung versichert.

1.3.3 Zulassung eines Kfz mit amtlichem Kennzeichen

§ 1 StVG

Herr Fischer muss als Halter für die Zulassung seines Kfz beim Straßenverkehrsamt nachweisen, dass ausreichender Versicherungsschutz (gesetzliche Mindestdeckung gem. PflVG) im Haftpflichtbereich besteht.
Der Nachweis wird durch die Vorlage einer Versicherungsbestätigungskarte geführt. Im Datenaustausch informiert die Zulassungsstelle den
betreffenden Versicherer über Zulassungszeitpunkt, vergebenes Kennzeichen, Fahrgestellnummer usw., damit der Versicherer seine Daten
abgleichen bzw. ergänzen und den Versicherungsschein erstellen kann.

1.3.4 Überwachung des Versicherungsschutzes

Gewährt der Versicherer für das Kfz des Herrn Fischer keinen Versicherungsschutz mehr, sendet er eine Mitteilung an das Straßenverkehrsamt. Das Straßenverkehrsamt prüft, ob ein anderer Versicherer Versicherungsschutz gewährt bzw. ob das Fahrzeug abgemeldet oder auf einen anderen Halter umgemeldet wurde. Wird das Kfz ohne Versicherungsschutz weiterhin auf öffentlichen Wegen oder Plätzen benutzt, veranlasst das Straßenverkehrsamt die Zwangsstilllegung (Zulassungsplakette wird vom Kennzeichen entfernt). Der Versicherer erhält nach Prüfung das Ergebnis mitgeteilt.

§ 29a Abs. 3 StVZO

LF 2

LF 11

LF 15

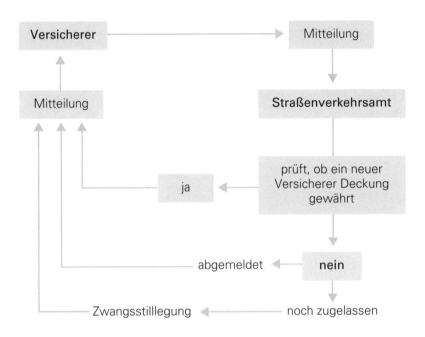

1.4 Vertragsbeendigung

Möglichkeiten der Vertragsbeendigung

Nach dem Pflichtversicherungsgesetz kann der Vertrag mit Herrn Fischer grundsätzlich nur für max. ein Jahr geschlossen werden. Ist der Versicherungsbeginn der erste Tag eines Monats, endet der Vertrag spätestens 1 Jahr danach. Wird als Beginn ein anderer Tag vereinbart (z. B. 6.8.2010), endet der Vertrag an dem nach Ablauf eines Jahres folgenden Monatsersten (1.9.2011). Falls die Vertragspartner keine Beendigung des Vertrages vereinbaren, verlängert er sich jeweils um ein

§ 5 Nr. 5 PflVG

Jahr. Unabhängig davon kann als Hauptfälligkeit ein anderes Datum (z. B. 1.1. eines jeden Jahres) vereinbart werden.

Die Beendigung kann erfolgen durch:

- Vertragsunterbrechung (über 18 Monate, siehe auch Ziff. 1.4.3)
- Zeitablauf (z. B. Mofakennzeichen, kurzfristige Verträge)
- Rücktritt (z. B. wegen Nichtzahlung der Erstprämie – § 37 VVG)
- Aufhebung in gegenseitigem Einvernehmen
- Wagniswegfall (z. B. aufgrund eines Totalschadens)
- Kündigung (ordentliche und außerordentliche)

1.4.1 Ordentliche Kündigung

Die Kündigung kann sich grundsätzlich auf den gesamten Vertrag oder auf einzelne Sparten beziehen. Sie muss schriftlich erfolgen.

G. 2.1 AKB 2008
G. 3.1 AKB 2008

Die Kündigung muss spätestens **1 Monat** vor Ablauf (Hauptfälligkeit) beim Versicherer vorliegen. Die Kündigungsfrist kann in der Kaskoversicherung von Versicherer zu Versicherer in den Bedingungen unterschiedlich geregelt sein. Bei vielen Versicherern ist die Kündigung nicht mehr per Einschreiben erforderlich. Ist der Versicherungsnehmer mit der Kündigung von Teilen des Vertrages nicht einverstanden, was er dem Versicherer innerhalb von 2 Wochen mitzuteilen hat, so gilt der gesamte Vertrag als gekündigt.

1.4.2 Außerordentliche Kündigung

a) mit Beitragserhöhung

Änderungen der Tarife (Prämienteil und Bestimmungen) können grundsätzlich auch auf bestehende Verträge ab Beginn der nächsten Versicherungsperiode (ab Hauptfälligkeit) angewandt werden, wenn der Versicherer dem Versicherungsnehmer dieses mitteilt und auf das Kündigungsrecht, das der Versicherungsnehmer innerhalb eines Monats wahrnehmen muss, hinweist.

G. 2.7 AKB 2008

Erhöht sich der Beitrag aufgrund folgender Möglichkeiten

- Tarifänderung in Haftpflicht- oder Kaskoversicherung
- Zuordnung zu einer anderen Regionalklasse in Haftpflicht- oder Kaskoversicherung
- Zuordnung zu einer anderen Typklasse in Kasko
- Änderung des Leistungsumfanges aufgrund eines Gesetzes in Haftpflicht

kann innerhalb eines Monats nach Zugang der Mitteilung die betroffene Vertragssparte oder der gesamte Vertrag gekündigt werden. In der Fahrzeugversicherung besteht zusätzlich noch die Möglichkeit der Umwandlung in eine andere tarifgemäße Deckungsform (z. B. höhere SB, TK anstatt VK).

Der Versicherer ist ebenfalls berechtigt, auch die Bedingungen (z. B. aufgrund einer Änderung in der Rechtsprechung) anzupassen bzw. zu ergänzen oder zu ersetzen. Der Versicherungsnehmer kann innerhalb eines Monats den Versicherungsvertrag kündigen.

G. 2.11 AKB 2008

b) ohne Beitragserhöhung – Änderung der Gefahrenmerkmale

Der Versicherer ist berechtigt, die Gefahrenmerkmale (Regionalklassen, SFR-System, Tarifgruppen, Typklassen, Stärkeklassen) zu ändern, wenn dieses gerechtfertigt ist und von einem unabhängigen Treuhänder bestätigt wird. Der Versicherungsnehmer hat dann, auch wenn dadurch keine Beitragserhöhung bewirkt wird, ein Kündigungsrecht. Er kann den gesamten Vertrag oder einzelne Sparten kündigen.

LF
2

LF
11

LF
15

c) im Schadenfall

G. 2.3 AKB 2008

Im Schadenfall kann die Kündigung von beiden Vertragsparteien veranlasst werden, wenn der Versicherer einen versicherten Schaden reguliert oder abgelehnt hat. Kündigt der Versicherungsnehmer, verfällt die
restliche Prämie für die laufende Versicherungsperiode, es sei denn, er
kündigt zum Ablauf.

▶ Hinweis

Die Kündigung muss innerhalb eines Monats seit Anerkennung oder
Ablehnung des Schadens dem Versicherer zugegangen sein.

Der Versicherungsnehmer kann den Vertrag fristlos, also mit sofortiger
Wirkung oder zu einem späteren Zeitpunkt (spätestens zur nächsten
Hauptfälligkeit) kündigen. Die restliche Prämie bis zur Hauptfälligkeit
verfällt.

Die Kündigung durch den Versicherer kann nur mit Fristsetzung
(1 Monat) erfolgen. Der restliche Beitrag bis zur nächsten Fälligkeit wird
dem Versicherungsnehmer erstattet.

d) Obliegenheitsverletzungen

§ 28 VVG

Bei Obliegenheitsverletzungen kann der Versicherer den Vertrag kündigen (z. B. Fahren ohne Führerschein).

e) Folgeprämie

§ 38 VVG

Bei Nichtzahlung der Folgeprämie kann der Versicherer kündigen.

f) bei Veräußerung

G. 2.5 AKB 2008

Wird das Fahrzeug veräußert, muss der Versicherungsnehmer dem
Versicherer eine entsprechende Mitteilung zusenden. Der Versicherungsschutz geht auf den Erwerber (Käufer) über. Der Übergang bezieht sich auf die Kfz-Haftpflichtversicherung und auf die eventuell bestehende Teil- bzw. Vollkasko, nicht jedoch auf die Insassen-Unfallversicherung.

Der Erwerber und der Versicherer haben in diesem Fall die Möglichkeit,
den Kfz-Vertrag zu kündigen. Die Kündigung muss (ab dem Zeitpunkt
der Veräußerung) innerhalb **eines Monats** erfolgen. Der Käufer kann
den Vertrag entweder mit sofortiger Wirkung (Eingang der Kündigung
beim Versicherer) oder zum Ablauf (nächste Hauptfälligkeit) kündigen.

Der Kfz-Versicherer muss im Kündigungsschreiben eine Kündigungsfrist von **einem Monat** aufführen. Die Kündigung wird für den Versicherungsnehmer somit einen Monat nach Zugang der Mitteilung wirksam. In dieser Zeit muss er sich um Versicherungsschutz bei einem an-

deren Versicherer bemühen und die Versicherungsbestätigungskarte dem Straßenverkehrsamt vorlegen.

LF
2

▶ **Hinweis**

Veräußert der Versicherungsnehmer sein Fahrzeug und versichert der Erwerber dieses bei seinem Versicherer, ist eine Kündigung nicht erforderlich.

LF
11

LF
15

1.4.3 Vertragsunterbrechung

Wird das Fahrzeug vorübergehend (mindestens **2 Wochen**) stillgelegt bzw. abgemeldet, kann der Versicherungsnehmer eine Vertragsunterbrechung verlangen. Er hat die Abmeldebescheinigung dem Versicherer vorzulegen. Während der Vertragsunterbrechung gewährt der Versicherer im bisher versicherten Umfang beitragsfrei Versicherungsschutz. Dauert die Unterbrechung länger als 18 Monate, so gilt der Vertrag mit Ablauf dieser Frist als beendet. Das Kfz darf jedoch nicht außerhalb des Einstellraumes oder umfriedeten Abstellplatzes gebraucht oder längere Zeit abgestellt werden. Sofern neben der Kraftfahrzeug-Haftpflichtversicherung auch eine Kaskoversicherung (Teil- oder Vollkasko) bestand, richtet sich der Versicherungsschutz nach dem Umfang einer Teilkaskoversicherung.

H. 1.2 AKB 2008

Übungen

1. Herr Plogmann, Kunde Ihrer Versicherung, hat ein gebrauchtes
    Kfz vom Vorbesitzer erworben. Da auch gleichzeitig der Versi-
    cherungsschutz auf ihn übergegangen ist, möchte er von Ihnen
    wissen, ob er dieses Kfz dennoch bei Ihrer Gesellschaft versi-
    chern kann.

    Was muss Ihr Kunde beachten bzw. veranlassen?

2. Herr Müller kauft eine landwirtschaftliche Zugmaschine, die auf
    ebener Fahrbahn nicht schneller als 20 km/h fahren kann.

    Muss er das Fahrzeug versichern? Begründen Sie Ihre Aussage.

3. Herr Meier möchte seinen Pkw als Taxi zulassen und verlangt
    von Ihnen die dafür erforderliche Doppelkarte.

    Erläutern Sie, ob die Ausgabe der Doppelkarte an Herrn Meier
    ohne Grundangabe verweigert werden kann.

4. Nach dem Einkaufen stellt Frau Meier fest, dass ihr auf dem
    Parkplatz abgestelltes Kfz von einem Lkw an der gesamten rech-
    ten Seite beschädigt wurde. Der Lkw kann nicht ermittelt wer-
    den. Der Schaden am Pkw beträgt 1.000 €.

    Welche Möglichkeit hat Frau Meier, die keine Vollkasko abge-
    schlossen hat, ihren Schaden ersetzt zu bekommen?

5. Dem Versicherer „Proximus" liegt ein Antrag auf Abschluss
    einer Kfz-Versicherung (KH: unbegrenzte Deckung und Voll-
    kasko: 300 € Selbstbeteiligung) für das Zweirad des Herrn
    Schulz vor. Der Versicherer weigert sich, den beantragten Versi-
    cherungsschutz zu bestätigen und teilt Herrn Schulz nach Ein-
    gang des Antrags mit, dass er die Vollkasko ablehnt und in der
    Kraftfahrzeug-Haftpflichtversicherung nur zu den gesetzlichen
    Mindestdeckungssummen Versicherungsschutz gewährt.
    Gleichzeitig kündigt er die erteilte vorläufige Deckung mit Frist
    von einer Woche.

    Hat sich der Versicherer korrekt verhalten? Begründen Sie Ihre
    Antwort.

6. Am 1.6. unterschreibt Frau Schulte bei Ihrer Gesellschaft einen
    Kfz-Antrag für ihren neuen Pkw. Noch während der Antragsbin-
    defrist lehnen Sie den Antrag mit Schreiben vom 28.6. ab, mit
    der Begründung, dass der Vorvertrag aufgrund eines ersatz-
    pflichtigen und regulierten Schadens gekündigt wurde.

    Beurteilen Sie die rechtliche Situation des Versicherers.

7. Herr Otte erhält von seinem Kraftfahrzeug-Haftpflichtversicherer die Mitteilung, dass sein Kfz ab Beginn der nächsten Versicherungsperiode in eine andere Regionalklasse eingestuft wird, der Beitrag sich aber nicht verändern wird.

Kann Herr Otte aufgrund der Regionalklassenänderung den Vertrag kündigen? Begründen Sie Ihre Antwort.

8. Frau Fleckenstein aus Unterföhring in Bayern stellt Ihnen per E-Mail folgende Frage:

„Ich habe mir gestern übers Internet einen Pkw Ford Fiesta gekauft. Das Fahrzeug steht beim Verkäufer in Leipzig und ist nicht mehr angemeldet. Nächstes Wochenende möchte ich das Fahrzeug gerne abholen. Die Fahrzeugunterlagen bekomme ich dann mit dem Pkw bei Bezahlung ausgehängt. Das Fahrzeug möchte ich bei Ihnen versichern.

Worauf muss ich bei der Überführung und der anschließenden Zulassung des Fahrzeugs achten?"

Was antworten Sie Frau Fleckenstein und was veranlassen Sie?

9. Sie sind Mitarbeiter/-in der Antragsabteilung Kraftfahrtversicherung der Proximus Versicherung. Ihnen liegt von Giuseppe Luciani ein Antrag auf Haftpflichtversicherung für sein Fahrzeug, Lancia Integrale vor. Das Fahrzeug hat eine italienische Zulassung. Herr Luciani möchte es bei der Proximus versichern.

Prüfen Sie die Rechtslage.

10. Ihr Kunde Markus Eberle möchte seinen gebrauchten Pkw privat verkaufen. Er hat Bedenken, den Pkw dem Käufer zu überlassen, bevor dieser ihn umgemeldet hat.

Erläutern Sie Herrn Eberle vier versicherungsrechtliche Argumente, die seine Bedenken entkräften könnten.

2. Tarife in der Kraftfahrtversicherung

▶ Situation

Frau Daubert hat sich nun ihr schickes Cabrio zugelegt und kommt zu Ihnen, um die Formalitäten zu regeln. Sie hat sich schon oft gefragt, wie in der Kfz-Versicherung alles geregelt ist und wie sich die Prämie dort berechnet. Eine Freundin schlug ihr vor, doch besser alle Details persönlich zu besprechen …

2.1 Rechtsgrundlagen

▶ Erläuterung

Der Kraftfahrttarif, der jedem Vertrag zugrunde liegt, besteht aus den **Tarifbestimmungen** und dem **Beitragsteil**.

Mit der Einführung des Binnenmarktes ist auch die Tarifbindung aufgehoben worden, mit der Folge, dass in der Kasko- und in der Insassenunfallversicherung jede Form vorheriger aufsichtsbehördlicher Genehmigung von Versicherungsbedingungen unzulässig ist.

Die Bedingungen (einschl. Beitragsteil) von Pflichtversicherungen (Kraftfahrt-Haftpflicht) müssen zwar noch der zuständigen Aufsichtsbehörde vor ihrer Verwendung vorgelegt werden (§ 5 Abs. 5 VAG), können aber sofort und ohne Genehmigungsverfahren angewandt werden.

Der Wegfall der Bedingungsgenehmigung soll durch eine besondere, vor Vertragsschluss zu erfüllende Informationspflicht der Versicherer ausgeglichen werden. Die Informationen, die in Antragsformularen oder Bedingungen enthalten sein können, müssen folgende Positionen berücksichtigen:

§ 10a VAG

1. Name, Anschrift, Rechtsform, Sitz und Niederlassung der Versicherer
2. Allgemeine Versicherungsbedingungen (inkl. Tarifbestimmungen)
3. Anwendbares Recht (bei Pflichtversicherungen darf auch weiterhin nur deutsches Recht angewandt werden)
4. Vertragslaufzeit
5. Prämienhöhe
6. Antragsbindefrist
7. Widerrufs- und Rücktrittsrecht

Bei Großrisiken genügt die Angabe des anwendbaren Rechts und der zuständigen Aufsichtsbehörde. Die Gestaltung von Prämien und Tarifstrukturen ist durch den Wegfall der Bedingungsgenehmigung nun **jedem** Versicherer frei überlassen. Jedes Versicherungsunternehmen kann beispielsweise ein eigenes Schadenfreiheitssystem, eigene Regionalklassen, eigene Berufsgruppen oder darüber hinaus auch neue Risikomerkmale einführen. Ab 1996 haben viele Versicherer ihr Tarifierungssystem im Bereich der KH-Versicherung von der bisherigen kW-Staffelung in eine an den jeweiligen Fahrzeugtyp orientierte Prämienberechnung geändert. Grundlage der Berechnung sind die Daten im Typklassenverzeichnis. Die Staatsangehörigkeit als Risikomerkmal ist gesetzlich verboten (§ 81 e VAG). Die Versicherer können im Rahmen der Bestimmungen des § 5 Abs. 3 PflVG den Verträgen die Prämien, die sie für erforderlich halten, zugrunde legen. Gleichzeitig sind die Unternehmen nicht mehr verpflichtet, technischen Überschuss in Form von Rückvergütungen auszuschütten.

2.2   Aufbau eines Tarifes

Gefahrenmerkmale

objektiv	subjektiv
Beispiele	**Beispiele**
▪ kW-Leistung/Fahrzeug-Typ	▪ Wohnort
▪ Nutzlast	▪ Beruf
▪ Verwendungszweck	▪ schadenfreie Jahre
▪ Fahrzeugart	▪ Garagenparker
▪ Typklasse	▪ Wenigfahrer usw.

Der Unternehmenstarif ist nach **objektiven Gefahrenmerkmalen** gegliedert. Die Einteilung sieht beispielsweise unterschiedliche Beiträge für Kfz mit Versicherungskennzeichen, Pkw, Campingfahrzeuge und Güterfahrzeuge im Werkverkehr vor. Die Wagnisse, die durch gleichartige Gefahrenmerkmale gekennzeichnet sind, werden zu **Wagnisgruppen** zusammengefasst. Die Wagniskennziffer (WKZ) 112 steht für die Gruppe von Pkw in Eigenverwendung.

LF
2

LF
11

LF
15

Auch **subjektive Gefahrenmerkmale** werden berücksichtigt, sodass eine Einstufung in unterschiedliche Tarifgruppen (R, A, B oder N) erfolgt.

Tarifgruppe R

Für Pkw gilt grundsätzlich die Tarifgruppe R.

Beispiele

- KH – R 1 bis R 12   - VK – R 1 bis R 9   - TK – R 1 bis R 16

Die Unterteilung der Tarifgruppen kann von Versicherer zu Versicherer unterschiedlich sein (z. B. R 1 bis R 20). Entscheidend für die Zuordnung zu einer Tarifgruppe ist nicht mehr der regelmäßige Standort des Kfz, sondern der Zulassungsbezirk (Kennzeichen des Kfz).

Unabhängig davon kann bei gleichen Zulassungsbezirken die Einstufung in Tarifgruppen bei vielen Versicherern unterschiedlich sein, da jeder Versicherer eine eigene Einstufung vornimmt.

J. 1 / J. 2
AKB 2008

Tarifgruppe B

Die Tarifgruppe B gilt u. a. für Versicherungsverträge von Beamten, Angestellten und Arbeitern, insbesondere der folgenden Arbeitgeber:

- Gebietskörperschaften (z. B. Länder, Gemeinden, Kreise)
- Anstalten des öffentlichen Rechts (z. B. Universitäten, Berufsgenossenschaften)
- Stiftungen des öffentlichen Rechts
- Mildtätige und kirchliche Einrichtungen
- Als gemeinnützig anerkannte Einrichtungen

Ebenfalls anspruchsberechtigt nach der „Angehörigenklausel" sind Familienangehörige von Beamten, Richtern, Angestellten, Arbeitern, Berufssoldaten und Soldaten auf Zeit der Bundeswehr, Pensionären und Rentnern, die B-berechtigt sind.

Die Voraussetzung ist, dass die Familienangehörigen

- nicht erwerbstätig sind und
- mit dem B-berechtigten Versicherungsnehmer in häuslicher Gemeinschaft leben und
- von ihm unterhalten werden.

Die Tarifgruppe wird grundsätzlich nur in der Kfz-Haftpflicht-Sparte und in der Vollkasko angewandt, nicht in der Teilkasko.

Tarifgruppe A

Diese Tarifgruppe gilt für Pkw von landwirtschaftlichen Unternehmen, die Mitglieder einer landwirtschaftlichen Berufsgenossenschaft oder Gartenbau-Berufsgenossenschaft sind, deren Betrieb eine Mindestgröße von ½ ha (bei einem Gartenbaubetrieb mind. 2 ha) hat und die diesen Betrieb selbst bewirtschaften.

Weiterhin gilt diese Tarifgruppe auch für ehemalige landwirtschaftliche Unternehmer, die unmittelbar vor Betriebsübergabe die o. g. Voraussetzungen erfüllten und nicht anderweitig berufstätig sind. Auch für nicht berufstätige Ehefrauen bzw. nicht berufstätige Witwen/Witwer der v. g. Personengruppen gilt die Tarifgruppe A. Diese Tarifgruppe wird grundsätzlich nur in der KH-Sparte berücksichtigt.

Viele Versicherer gewähren die Vergünstigung der Tarifgruppe B auch beispielsweise für Wohnungsbauunternehmen und Energieversorgungsunternehmen, sowie deren Mitarbeiterinnen und Mitarbeiter. Diese Verträge werden von den betreffenden Versicherungsunternehmen in die Tarifgruppe D eingeordnet.

Tarifgruppe N

Für alle anderen Kfz oder Anhänger gelten die Beiträge der Tarifgruppe N.

J. 2 AKB 2008

LF
2

LF
11

LF
15

Beitragsnachlass für Behinderte

Seit 1993 wird der Beitragsnachlass für Behinderte nicht mehr in der Vollkaskoversicherung angeboten. Auch in der K-Haftpflichtversicherung wird der 25%ige bzw. 12,5%ige Nachlass für Neuverträge ab 1995 nicht mehr angeboten, da die statistischen Grundlagen dieses nicht mehr rechtfertigen.

Freie Vereinbarungen

Viele Versicherer bieten bereits seit 1995 besondere Leistungen an, die teilweise gegen Zuschlag vereinbart werden können bzw. mit Beitragsnachlässen verbunden sind.

Die in der folgenden Tabelle aufgeführten Merkmale werden auch als „weiche Kriterien" bezeichnet.

Nachlässe und Zuschläge

J. 3.1.9 AKB 2008

	KH	VK	TK
Alter des Fahrzeugs bei Erwerb			
bis 1 Jahr	−10 %		
über 1 Jahr bis 3 Jahre	− 5 %		
über 3 Jahre bis 7 Jahre			
über 7 Jahre bis 12 Jahre	+ 5 %		+ 5 %
über 12 Jahre bis 20 Jahre	+ 8 %		+ 10 %
über 20 Jahre	−10 %		
Garagenbesitzer	−10 %	− 5 %	−15 %
km-Leistung pro Jahr			
bis 9.000	−15 %	−15 %	−15 %
über 9.000 bis 12.000	−10 %	−10 %	−10 %
über 12.000 bis 15.000			
über 15.000 bis 20.000	+ 5 %	+ 5 %	+ 5 %
über 20.000 bis 25.000	+10 %	+10 %	+10 %
über 25.000 bis 30.000	+15 %	+15 %	+15 %
über 30.000	+15 %	+10 %	+10 %
Einzelfahrer/Partnernachlass	−10 %	− 5 %	−15 %
Ein- oder Zweifamilienhaus	−10 %	− 5 %	−15 %
Familie mit Kindern unter 16 Jahren	− 5 %	− 5 %	− 5 %

Weitere mögliche Einzelvereinbarungen

- Schutz vor Rückstufung ab SF 4 (gegen Zuschlag)
- Neupreisentschädigung in der Kasko im ersten Zulassungsjahr
- Erfahrungsbonus für Männer ab 35 Jahre (mind. 3 Jahre Führerscheinklasse 3)
- Familienbonus für verheiratete Männer

- Qualifikationsbonus, wenn Sicherheitstaining absolviert wurde
- Öko-Rabatt, wenn Kfz weniger als 5 Liter auf 100 km verbraucht
- usw.

Unabhängig von der Vielzahl der Nachlassangebote, die der Versicherungsnehmer in Anspruch nehmen kann, hat jeder Versicherer den Gesamtnachlass durch einen festgelegten %-Satz begrenzt.

Entscheidet sich der Versicherungsnehmer für die o. g. Nachlässe, geht er damit auch die damit verbundenen Verpflichtungen (Obliegenheiten bzw. Risikoausschlüsse) ein, die sich im Schadenfall, falls er gegen die Vereinbarungen verstoßen hat (z. B. Garage ist mehr als 500 m entfernt), nachteilig auswirken mit der Folge, dass er keinen Versicherungsschutz hat und in Regress genommen wird bzw. keine Entschädigungsleistung erhält.

2.3 Einstufung in Schadenfreiheitsklassen (SFR-berechtigte Kfz)

Die Beitragshöhe richtet sich u. a. auch nach der Anzahl der schadenfreien Jahre. Hat ein Versicherungsvertrag von Anfang bis Ende eines Kalenderjahres (1.1. – 31.12.) bestanden, ohne dass in dieser Zeit ein Schaden gemeldet worden ist, so wird er in der Haftpflicht- und Vollkaskoversicherung im folgenden Jahr in die Schadenfreiheitsklasse gem. nachfolgender Tabelle eingestuft. Bei einem schadenfreien Jahr erfolgt die Einstufung in die **SF-Klasse 1** (100 % Beitragssatz in der Haftpflicht bei Pkw). Diese Regelung findet auch dann Anwendung, wenn sich der Vertrag im laufenden Kalenderjahr aufgrund einer Rückstufung in einer Schaden- oder Malusklasse (S oder M) befindet. Viele Versicherer berücksichtigen inzwischen bis 28 schadenfreie Jahre.

I. 2 und Anhang 1
AKB 2008

LF
2

LF
11

LF
15

▶ Beispiel eines Versicherers

Dauer des schadenfreien ununterbrochenen Verlaufs	Personenkraftwagen – Pkw			Zweiräder/Camping-Fahrzeuge			Gabelstapler, Busse, Abschleppwagen, Krankenwagen			übrige Fahrzeuge		
	SFR-Klasse	Beitragssatz KH	VK	SFR-Klasse	Beitragssatz KH	VK	SFR-Klasse	Beitragssatz KH	VK	SFR-Klasse	Beitragssatz KH	VK
28 Kalenderjahre und mehr	SF 28	30 %	30 %									
27 Kalenderjahre	SF 27	30 %	30 %									
26 Kalenderjahre	SF 26	30 %	30 %									
25 Kalenderjahre	SF 25	30 %	30 %									
24 Kalenderjahre	SF 24	30 %	30 %									
23 Kalenderjahre	SF 23	30 %	30 %									
22 Kalenderjahre	SF 22	30 %	30 %									
21 Kalenderjahre	SF 21	35 %	35 %									
20 Kalenderjahre	SF 20	35 %	35 %									
19 Kalenderjahre	SF 19	35 %	35 %									
18 Kalenderjahre	SF 18	35 %	35 %									
17 Kalenderjahre	SF 17	35 %	35 %									
16 Kalenderjahre	SF 16	35 %	35 %									
15 Kalenderjahre	SF 15	40 %	40 %									

LF 2

LF 11

LF 15

Dauer des schadenfreien ununterbrochenen Verlaufs	Personenkraftwagen – Pkw			Zweiräder/Camping-Fahrzeuge			Gabelstapler, Busse, Abschleppwagen, Krankenwagen			übrige Fahrzeuge		
	SFR-Klasse	Beitragssatz KH	VK	SFR-Klasse	Beitragssatz KH	VK	SFR-Klasse	Beitragssatz KH	VK	SFR-Klasse	Beitragssatz KH	VK
14 Kalenderjahre	SF 14	40 %	40 %									
13 Kalenderjahre	SF 13	40 %	40 %									
12 Kalenderjahre	SF 12	40 %	40 %									
11 Kalenderjahre	SF 11	45 %	45 %				SF 10	40 %	–			
10 Kalenderjahre	SF 10	45 %	45 %				SF 9	50 %	–			
9 Kalenderjahre	SF 9	45 %	45 %	SF 8	35 %	45 %	SF 8	50 %	–			
8 Kalenderjahre	SF 8	50 %	50 %	SF 7	40 %	50 %	SF 7	55 %	–			
7 Kalenderjahre	SF 7	50 %	50 %	SF 6	40 %	50 %	SF 6	55 %	–			
6 Kalenderjahre	SF 6	55 %	55 %	SF 5	40 %	50 %	SF 5	60 %	–			
5 Kalenderjahre	SF 5	55 %	55 %	SF 4	45 %	55 %	SF 4	70 %	–			
4 Kalenderjahre	SF 4	60 %	60 %	SF 3	45 %	55 %	SF 3	75 %	–	SF 3	40 %	55 %
3 Kalenderjahre	SF 3	70 %	70 %	SF 2	65 %	75 %	SF 2	85 %	–	SF 2	55 %	75 %
2 Kalenderjahre	SF 2	85 %	85 %	SF 1	65 %	80 %	SF 1	100 %	–	SF 1	70 %	80 %
1 Kalenderjahr	SF 1	100 %	100 %	SF ½	70 %	80 %	SF ½	100 %	–	SF ½	70 %	80 %
	SF ½	140 %	140 %	–	70 %	80 %	SF ½	100 %	–	SF ½	70 %	80 %
	Kl. S	155 %	155 %	–	–	–	–	–	–	–	–	–
	Kl. 0	230 %	230 %	Kl. 0	100 %	100 %	Kl. 0	125 %	–	Kl. 0	100 %	100 %
	Kl. M	245 %	245 %	Kl. M	125 %	125 %	M	150 %	–	–	–	–

Stand 2012

Hat der Versicherungsvertrag in der Zeit vom 2.1. bis 1.7. begonnen und während des Kalenderjahres mindestens 6 Monate bestanden, so wird ein bei Abschluss in die Klasse 0 eingestufter Vertrag im folgenden Kalenderjahr in die SF-Klasse ½ eingestuft. Ein bei Abschluss in SF ½ bzw. SF 2 eingestufter Vertrag wird dann in SF 1 bzw. SF 3 eingestuft.

Besonderheit bei Pkw, Zweirädern mit amtlichem Kennzeichen und Wohnmobile/Campingfahrzeuge: Einstufung in die Schadenfreiheitsklasse SF ½.

I. 2.2.1 AKB 2008

Grundsätzlich erfolgt die Einstufung eines erstmals abgeschlossenen Kfz-Vertrages in die Klasse 0. Die sofortige Einstufung in die SF-Klasse ½ wird vorgenommen, wenn eine der folgenden Voraussetzungen vorliegt.

Zweitwagenregelung

Auf denselben Versicherungsnehmer muss bereits eines der o. g. Fahrzeuge zugelassen sein, das sich zu diesem Zeitpunkt in einer Schadenfreiheitsklasse (mind. SF ½) befindet.

Ehe-/Lebenspartnerregelung

Auf den Ehegatten des Versicherungsnehmers muss bereits eines der v. g. Fahrzeuge zugelassen sein, das sich zu diesem Zeitpunkt in einer Schadenfreiheitsklasse befindet. Diese Regelung findet auch Anwendung beim Lebenspartner des Versicherungsnehmers (häusliche Gemeinschaft).

Führerscheinregelung

Der Versicherungsnehmer muss einen entsprechenden Führerschein vorlegen, aus dem ersichtlich ist, dass er seit mindestens 3 Jahren zum Führen von Kfz und Krädern mit amtlichen Kennzeichen (z. B. Kl. 3 bzw. B, die Dauer der Kl. 1 b bzw. A 1 wird ebenfalls berücksichtigt) berechtigt ist.

Der Führerschein kann auch von einem Mitgliedstaat der EU erteilt worden sein.

Mofa-/Moped-Regelung

Hat der Versicherungsnehmer in den letzten 2 Jahren ein Fahrzeug mit Versicherungskennzeichen bei der Proximus versichert, ohne dass ein Schaden gemeldet wurde, wird bei Abschluss einer Kfz-Haftpflicht für eines der v. g. Fahrzeuge des Versicherungsnehmers die Einstufung in SF ½ vorgenommen.

LF
2

LF
11

LF
15

Eltern-/Kind-Regelung

Versichert der Versicherungsnehmer eines der o. g. Fahrzeuge, erfolgt die Einstufung in SF ½, wenn ein Elternteil ebenfalls eines der o. g. Fahrzeuge versichert hat, dessen Kfz-Vertrag mind. in SF ½ eingestuft ist.

▶ **Hinweis**

Ist auf den Versicherungsnehmer bereits ein Pkw, ein Kraftrad mit amtlichen Kennzeichen oder ein Campingfahrzeug/Wohnmobil zugelassen, kann nur die Zweitwagenregelung oder die Ehe-/Lebenspartnerregelung angewandt werden. Befindet sich der Vertrag nicht in einer Schadenfreiheitsklasse, kann weder die Zweitwagenregelung noch die Führerscheinregelung angewandt werden.

Einstufung in die Schadenfreiheitsklasse – SF 2

Die sofortige Einstufung eines erstmals abgeschlossenen Kfz-Vertrags für einen PKW in die Schadenfreiheitsklasse SF 2 erfolgt unter folgenden Voraussetzungen:

I. 2.2.3 AKB 2008

- Laufzeit des Vertrags beträgt mind. 1 Jahr und
- alle Nutzer sind 23 Jahre oder älter und
- PKW wird auf den Namen des Versicherungsnehmers oder dessen Ehe-/Lebenspartner zugelassen.

Sind diese Vorgaben erfüllt, können die folgenden Regelungen angewandt werden:

- **Zweitwagenregelung**
  Auf denselben Versicherungsnehmer muss bereits ein PKW beim selben Versicherer sein, der in Schadenfreiheitsklasse SF 2 oder höher eingestuft ist oder
- **Ehe-/Lebenspartnerregelung**
  Auf den Ehepartner/Lebenspartner in häuslicher Gemeinschaft muss bereits ein PKW beim selben Versicherer sein und sich in Schadensfreiheitsklasse SF 2 oder höher befinden.

▶ **Hinweis**

Beim Versicherungswechsel werden dem Nachversicherer nur die tatsächlich erfahrenen Jahre mitgeteilt.

Vollkasko

I. 2.3 AKB 2008

Wird eine Vollkaskoversicherung erstmals abgeschlossen (mind. für 1 Jahr), erfolgt die Angleichung an den Schadenfreiheitsrabatt der Haftpflichtversicherung (gilt für Pkw, Kräder mit amtlichen Kennzeichen und Campingfahrzeuge).

▶ Beispiel

Herr Fischer ist Angestellter. Er hat sein Kfz verkauft und einen Neuwagen (ebenfalls Pkw in Eigenverwendung) erworben. Sie geben ihm die für die Anmeldung erforderliche Versicherungsbestätigung und nehmen den Fahrzeugwechsel-Antrag auf.

Folgender Deckungsumfang wird vom Versichernehmer Fischer gewünscht:

Haftpflicht: unbegrenzte Deckung

Vollkasko: mit 150 € Selbstbeteiligung (einschl. Teilkasko ohne Selbstbeteiligung)

Gleichzeitig legt der Versicherungsnehmer seinen Fahrzeugschein vor.

Der Kfz-Vertrag befand sich in der K-Haftpflicht bisher in SF 7, eine Vollkaskoversicherung bestand bisher nicht.

Nennen sie Herrn Fischer bitte den Jahresbeitrag, den er in der KH bzw. in der VK zu zahlen hat, ohne Berücksichtigung eventueller Nachlässe, wie beispielsweise km-Leistung, Alter des Fahrzeugs usw.

LF 2

LF 11

LF 15

Zulassungsbescheinigung Teil I
(Fahrzeugschein)

| Europäische Gemeinschaft | (D) | Bundesrepublik Deutschland |

Permiso de circulación, Parte I / Osvedceni o registraci – Cast I / Registreringsattest, Del I / Registreerimistunnistus, Osa I / Άδεια κυκλοφορίας/Πιστοποιητικό έγγραφής, Μέρος Ι / Registration certificate, Part I / Certificat d'immatriculation, Partie I / Carta di circolazione, Parte I / Registrācijas apliecība, I. daļa / Certifikat ta' Registrazzjoni, I-parti / Kentekenbewijs, Deel I / Dowód Registracyjny, Część I / Certificado de matrícula, Parte I / Osvedčenie o evidencii, Časť I / Prometno dovoljenje, Del I / Rekisteröintitodistus, Osa I / Registreringsbevist, Del I

A Amtliches Kennzeichen

MHS–SH123

C.1.1 Name oder Firmenname
SCHMITT

C.1.2 Vorname(n)
HANNELORE

C.1.3 Anschrift
HAUPTSTR.1
98765 HAUPTSTADT

Nächste HU
(Monat und Jahr):
01.2014

C.4.c Der Inhaber der Zulassungsbescheinigung wird nicht als Eigentümer des Fahrzeugs ausgewiesen.

HAUPTSTADT
1 Datum: **01.01.2012**

Nr.

B 01.01.2012 | **2.1** 3003 | **2.2** AEE00005 4

J M1 | **1.4** AE | 3 4

E

D.1 PEUGEOT

W***

WB5FW*

D.2 WB5FWF

D.3 207

2 PEUGEOT (F)

5 FZ.Z.PERS.BEF.B. 8 SPL. KABRIO-LIMOUSINE

V.9 70/220*2003/76B/EG

14 EURO 4

P.3 BENZIN

10 0001 | **14.1** 0462 | **P.1** 1598

22 ZUL.GES-GEW.D.ZUGES MAX.2645KG*DATUM ZUR EMISSIONSKLAS SE: 10.04.2008*

L 02 | **9** 01 | **P.2 P.4** 0088/06000 | **T** 195

18 – – 04037 | **19** – – 1750

20 1393 – 1397 | **G** – – 01466

12 – | **13** 00043 | **Q** –

V.7 173 | **F.1** 001765 | **F.2** 001765

7.1 01050 | **7.2** 00900 | **7.3** –

8.1 01050 | **8.2** 00900 | **8.3** –

U.1 082 | **U.2** 04500 | **U.3** 074

O.1 01060 | **O.2** 0600 | **S.1** 004 | **S.2** –

15.1 195/55R16(87V)

15.3 195/55R16(87V)

K e2*2001/116*0340*06 | **11** 9

6 09.02.2007 | **17** K | **16** DN693338

21 –

Zur Berechnung benötigen Sie folgende Angaben:

1. Regionalklasse (siehe Bedingungswerk, Proximus-Versicherung)

Die Regionalklasse richtet sich nach dem Zulassungsbezirk (Kennzeichen des Kfz). Aus dem Verzeichnis geht hervor, dass die Kennzeichenkombination des Versicherungsnehmers Fischer (1 Buchstabe und 4 Ziffern „1/4") dem Zulassungsbezirk Karlsruhe/Land zugeordnet wird. Daraus ergibt sich für die K-Haftpflicht die Regionalklasse 4 und für die Vollkasko 3. Da Herr Fischer weder der Tarifgruppe A, noch B zuzuordnen ist, erfolgt die Einstufung in die Regionalklasse **R 4**.

2. Typklasse (siehe Kfz-Schein und Bedingungswerk Proximus-Versicherung)

Zur Bestimmung der Typklasse in der KH bzw. in der Vollkasko, sind die Schlüsselnummern im Kopfbereich des Fahrzeugscheins unter den Positionen „zu 2." (Hersteller-Schlüsselnummer: „0035") und „zu 3." (Typ-Schlüsselnummer: „403") mit denen im Typklassenverzeichnis (Proximus-Bedingungswerk 2, Seite 280) zu vergleichen. In der Spalte „HSN" (Hersteller-Schlüsselnummer) ist die Nr. „0035" für Opel und in der Spalte „TSN" (Typ-Schlüsselnummer) ist die Nr. „403" für das Modell Astra aufgeführt. Daraus lässt sich für die KH die Typklasse **14** und für die Vollkasko die Typklasse **15** ableiten.

3. Grundbeitrag (Beitragssatz: 100 %, inkl. Versicherungsteuer) und Proximus-Tarif (Seite 362 ff.)

Für die Berechnung des Grundbeitrags in der K-Haftpflicht wird unter Berücksichtigung des Tarifs (Seite 362) die Spalte „Typklasse 14" gewählt und der Beitrag der Zeile „R 4" entnommen. Danach beträgt der jährliche Beitrag in der K-Haftpflicht **690,36 €** (100 %). Der Grundbeitrag für die Vollkasko ist im Bedingungswerk auf Seite 369 (Vollkasko R 4) in der Spalte „mit 150 €/einschl. TK ohne SB" und in der Zeile „Typklasse 15" angegeben. Danach beträgt der Vollkasko-Beitrag für ein Jahr **836,29 €**.

4. Berechnung des Beitrags

K-Haftpflicht	690,36 € (100 %) x 50 % (SF 7)	= 345,18 €
Vollkasko	836,29 € (100 %) x 50 % (SF 7)	= 418,15 €
		763,33 €

I. 2.3.1 AKB 2008

Da für das weggefallene Kfz des Versicherungsnehmers Fischer bisher keine Vollkasko bestand, wird die Schadenfreiheitsklasse der Vollkasko an die SF-Klasse der K-Haftpflicht angeglichen. Soweit der Versicherungsnehmer eine ½-jährliche, ¼-jährliche oder eine monatliche Zahlweise wünscht, ist der v. g. Beitrag entsprechend zu teilen und ein Teilzahlungszuschlag von 3 %, 5 % bzw. 6 % hinzuzurechnen.

LF
2

LF
11

LF
15

▶ Beispiel

Der Versicherungsnehmer Henry Holst hat bei der Proximus-Versicherung seinen Pkw (KH: SF 25) versichert. Er beabsichtigt zusätzlich ein Wohnmobil zu kaufen (6 Jahre alt, Kaufpreis 24.000 €, Vorzelt, ebenfalls 6 Jahre, Kaufpreis 1.000 €). Herr Holst, der den Normaltarif erhält, möchte die Kfz-Haftpflichtversicherung in unbegrenzter Höhe und die Vollkasko mit 300 € SB (inkl. TK mit einer SB von 150 €) abschließen.

Welchen Beitrag muss er jährlich zahlen?

Lösung

1. Ermittlung des Beitrags in der Kfz-Haftpflichtversicherung

Der Beitrag (Grundbeitrag: 100 %) ist unter der Wagniskennziffer 127 mit 560,23 € genannt. Der SFR wird aufgrund der Einstufung als Neuvertrag in die SF-Klasse ½ eingestuft (70 %), mit der Folge, dass Herr Holst 392,16 € pro Jahr zahlt (560,23 € x 70 % = 392,16 €).

2. Ermittlung des Beitrags in der Kfz-Kaskoversicherung

Der Beitrag in der Kaskoversicherung orientiert sich unabhängig vom Alter des Wohnmobils immer an den Neuwert. Dieser muss, falls keine weiteren Angaben vorliegen, mit Hilfe von Umrechnungsfaktoren ermittelt werden. (siehe Proximus 2, Seite 269).

3. Ermittlung des Neuwerts

Der Kaufpreis inkl. Vorzelt beträgt insgesamt 25.000 €. Aufgrund des Alters (6 Jahre) kann der Umrechnungsfaktor „2,0" abgelesen werden. Der Kaufpreis wird mit diesem Umrechnungsfaktor multipliziert (25.000 x 2,0 = 50.000). Berechnungsgrundlage für den Beitrag ist somit der Neuwert in Höhe von 50.000 €.

4. Ermittlung des Beitrags

Für die Vollkasko mit 300 € SB einschl einer TK mit 150 € SB beträgt der Beitrag (Grundbeitrag: 100 %) 3,105 % vom gesamten Neuwert (inkl. Vorzelt). Der Jahresbeitrag beträgt danach 776,25 € (25.000 € x 3,105 %). Unter Berücksichtigung der Schadenfreiheitsklasse ½ (80 %) zahlt Herr Holst für die Kaskoversicherung 621 € pro Jahr (776,25 € x 80 %).

2.4 Rückstufung im Schadensfall

Anhang 1 AKB 2008

Wird ein Schaden gemeldet, so wird der Vertrag im folgenden Kalenderjahr, also nicht sofort, gemäß nachstehender Tabelle zurückgestuft.

Personenkraftwagen/Pkw (Beispiel eines Versicherers)

Haftpflichtversicherung			Fahrzeugvollversicherung		
aus Klasse	bei 1 Schaden	bei 2 Schäden	aus Klasse	bei 1 Schaden	bei 2 Schäden
SF 28	SF 22	SF 4	SF 28	SF 16	SF 4
SF 27	SF 16	SF 4	SF 27	SF 16	SF 4
SF 26	SF 16	SF 4	SF 26	SF 16	SF 4
SF 25	SF 16	SF 4	SF 25	SF 16	SF 4
SF 24	SF 11	SF 4	SF 24	SF 11	SF 4
SF 23	SF 10	SF 4	SF 23	SF 10	SF 4
SF 22	SF 10	SF 4	SF 22	SF 10	SF 4
SF 21	SF 10	SF 4	SF 21	SF 10	SF 4
SF 20	SF 9	SF 3	SF 20	SF 9	SF 3
SF 19	SF 9	SF 3	SF 19	SF 9	SF 3
SF 18	SF 7	SF 3	SF 18	SF 7	SF 3
SF 17	SF 7	SF 2	SF 17	SF 7	SF 2
SF 16	SF 6	SF 2	SF 16	SF 6	SF 2
SF 15	SF 6	SF 2	SF 15	SF 6	SF 2
SF 14	SF 6	SF 2	SF 14	SF 6	SF 2
SF 13	SF 5	SF 2	SF 13	SF 5	SF 2
SF 12	SF 5	SF 1	SF 12	SF 5	SF 1
SF 11	SF 5	SF 1	SF 11	SF 5	SF 1
SF 10	SF 4	SF 1	SF 10	SF 4	SF 1
SF 9	SF 4	SF 1	SF 9	SF 4	SF 1
SF 8	SF 4	SF 1	SF 8	SF 4	SF 1
SF 7	SF 3	SF ½	SF 7	SF 3	SF ½
SF 6	SF 3	SF ½	SF 6	SF 3	SF ½
SF 5	SF 2	SF ½	SF 5	SF 2	SF ½
SF 4	SF 2	SF ½	SF 4	SF 2	SF ½
SF 3	SF 1	S	SF 3	SF 1	S
SF 2	SF ½	S	SF 2	SF ½	S
SF 1	S	M	SF 1	S	M
SF ½	S	M	SF ½	S	M
S	M	M		M	M
0	M	M	0	M	M
M	M	M		M	M

▶ Hinweis

Grundsätzlich ist eine Rückstufung nach einem gemeldeten Schaden mit einem höheren Beitrag im nächsten Jahr verbunden. Hiervon gibt es bei vielen Gesellschaften eine Ausnahme, mit der über längere Zeit unfallfrei gefahrene Versicherungsnehmer belohnt werden sollen. So wird beispielsweise ein Kfz-Vertrag, der sich in der SF-Klasse 28 (30 %) befindet, bei einem Schaden in die SF Klasse 22 zurückgestuft. Der Beitragssatz, ebenfalls 30 %, ändert sich dadurch nicht.

Zweiräder/Campingfahrzeuge/Wohnmobile
(Beispiel eines Versicherers)

Haftpflichtversicherung			Fahrzeugvollversicherung		
aus Klasse	bei 1 Schaden	bei 2 Schäden	aus Klasse	bei 1 Schaden	bei 2 Schäden
SF 8	SF 5	SF 2	SF 8	SF 5	SF 2
SF 7	SF 3	SF 1	SF 7	SF 3	SF 1
SF 6	SF 2	SF ½	SF 6	SF 2	SF ½
SF 5	SF 2	SF ½	SF 5	SF 2	SF ½
SF 4	SF 1	SF ½	SF 4	SF 1	SF ½
SF 3	SF 1	SF ½	SF 3	SF 1	SF ½
SF 2	SF ½	M	SF 2	SF ½	M
SF 1	SF ½	M	SF 1	SF ½	M
SF ½	M	M	SF ½	M	M
0	M	M	0	M	M
M	M	M	M	M	M

Busse, Gabelstapler, Abschleppwagen und Krankenwagen

Haftpflichtversicherung		
aus Klasse	bei 1 Schaden	bei 2 Schäden
SF 10	SF 6	SF 2
SF 9	SF 4	SF 1
SF 8	SF 3	SF 1
SF 7	SF 3	SF 1
SF 6	SF 2	SF ½
SF 5	SF 2	SF ½
SF 4	SF 1	0
SF 3	SF 1	0
SF 2	SF ½	M
SF 1	0	M
SF ½	M	M
0	M	M
M	M	M

LF
2

LF
11

LF
15

Übrige Fahrzeuge

Haftpflichtversicherung			Fahrzeugvollversicherung		
aus Klasse	bei 1 Schaden	bei 2 Schäden	aus Klasse	bei 1 Schaden	bei 2 Schäden
SF 3	SF 2	SF 1	SF 3	SF 2	SF 1
SF 2	SF 1	0	SF 2	SF 1	0
SF 1	0	0	SF 1	0	0
SF ½	0	0	SF ½	0	0
0	0	0	0	0	0

Rückzahlung der Entschädigungsleistung an den Versicherer

I. 5.1.1 AKB 2008

Im **Haftpflichtbereich** hat der Versicherungsnehmer die Möglichkeit, seinen Vertrag schadenfrei zu halten, wenn er den Schaden selbst reguliert oder er dem Versicherer innerhalb von **6 Monaten** nach abgeschlossener Schadenregulierung den Aufwand erstattet. Ob die **Rückzahlung** wirtschaftlich sinnvoll ist, hängt von der Höhe der Rückzahlung sowie der Mehrprämie ab, die durch die Rückstufung entsteht.

I. 5.1.2 AKB 2008

In der Vollkaskoversicherung muss der Antrag des Versicherungsnehmers auf Rückzahlung innerhalb von 6 Monaten nach Zahlung der Entschädigung gestellt werden, damit eine Schadenfreistellung erfolgen kann.

▶ Beispiel

Der Pkw-Vertrag des Herrn Fischer befindet sich zurzeit in der Kraftfahrt-Haftpflichtversicherung in SF 20. Herr Fischer zahlt jährlich 350 € (35 % Beitragssatz). Der Grundbeitrag (100 %) beträgt danach 1.000 €. Durch Unaufmerksamkeit verursacht Herr Fischer einen Auffahrunfall, den der Kraftfahrzeughaftpflichtversicherer mit 950 € reguliert.

Herr Fischer möchte den Entschädigungsbetrag an den Versicherer zurückzahlen, damit sein Kfz-Vertrag wieder schadenfrei gestellt wird.

Ist die Rückzahlung für Herrn Fischer sinnvoll?

Lösung

Zur Klärung der Frage, ob eine Rückzahlung zum Erhalt des bisherigen Schadenfreiheits-Rabattes für den Versicherungsnehmer Fischer wirtschaftlich sinnvoll ist, wird die Schadenzahlung des Versicherers mit dem Mehrbeitrag, der sich aus der Rückstufung in der Kraftfahrzeug-Haftpflicht für den Versicherungsnehmer ergeben würde, gegenübergestellt. Bei der Berechnung wird nicht nur der zur nächsten Versicherungsperiode fällig werdende Mehrbeitrag zugrunde gelegt. Die Berechnung bezieht sich auf einen Zeitraum von mehreren Jahren, bis der günstigste SF-Rabatt (30 %) wieder erreicht wird.

Die folgende Gegenüberstellung soll dieses verdeutlichen:

Jahr	SFR-Verlauf ohne Schaden		SFR-Verlauf mit Schaden		Mehrbeitrag in %-Punkten
2006	SF 20	(35 %)	1 KH-Schaden		
2007	SF 21	(35 %)	SF 9	(45 %)	10 %
2008	SF 22	(30 %)	SF 10	(45 %)	15 %
2009	SF 23	(30 %)	SF 11	(45 %)	15 %
2010	SF 24	(30 %)	SF 12	(40 %)	10 %
2011	SF 25	(30 %)	SF 13	(40 %)	10 %
2012	SF 25	(30 %)	SF 14	(40 %)	10 %
2013	SF 25	(30 %)	SF 15	(40 %)	10 %
2014	SF 25	(30 %)	SF 16	(35 %)	5 %
2015	SF 25	(30 %)	SF 17	(35 %)	5 %
2016	SF 25	(30 %)	SF 18	(35 %)	5 %
2017	SF 25	(30 %)	SF 19	(35 %)	5 %
2018	SF 25	(30 %)	SF 20	(35 %)	5 %
2019	SF 25	(30 %)	SF 21	(35 %)	5 %
2020	SF 25	(30 %)	SF 22	(30 %)	0 %
					110 %

Der Mehrbeitrag aufgrund des v. g. Schadens beträgt 110 % vom Grundbeitragssatz (100 %).

1.000 € (Grundbeitragssatz) x 110 % = 1.100 €

Für den Versicherungsnehmer Fischer ist es wirtschaftlich sinnvoll, den Betrag von 950 € an seinen Kraftfahrzeug-Haftpflichtversicherer zu zahlen, damit der Vertrag schadenfrei wird.

Abschlussmitteilung

Die Versicherer haben sich nach den Tarifbestimmungen verpflichtet, dem Versicherungsnehmer nach abgeschlossener Schadenregulierung im Kraftfahrzeug-Haftpflichtbereich eine Mitteilung über die gezahlte Gesamtentschädigung (außer Anwaltskosten, Sachverständigenkosten, Gerichtskosten und Ermittlungskosten) zukommen zu lassen, soweit der Schaden eine bestimmte Entschädigungssumme nicht übersteigt (z. B. bis 500 €).

2.5 Einstufung nach Unterbrechung des Versicherungsschutzes

▶ **Situation**

Frau Daubert arbeitet wieder an ihrem Wohnort. Daher überlegt sie, ihren geliebten Flitzer abzumelden. Eigentlich liebt sie es mit ihrem Auto zu fahren, aber jetzt im Winter könnte sie auch gut darauf verzichten. Sie fragt, welche Auswirkungen eine Unterbrechung dieser Art hat und was sie im Hinblick auf ihre Kfz-Versicherung berücksichtigen muss.

Eine Unterbrechung des Vertrages liegt in folgenden Fällen vor:

- bei einer Ruheversicherung (H. 1.1 AKB)
- bei Beendigung des Versicherungsvertrages
- bei rückwirkendem Wegfall des Vertrages (z. B. Rücktritt)
- bei Veräußerung (G. 7 AKB 2008)
- bei Wagniswegfall (G. 8 AKB 2008)
- Saisonkennzeichen (H. 2 AKB 2008)

Einstufung nach Unterbrechung

Die Einstufung richtet sich nach der Dauer der Unterbrechung und ist bei vielen Versicherern wie folgt geregelt:

I. 6.3 AKB 2008

Unterbrechungsdauer	Einstufung
bis 6 Monate	ohne Auswirkung (wie schadenfrei)
über 6 bis 12 Monate	keine Weiterstufung (gleiche Klasse)
über 12 Monate	Rückstufung um eine Klasse
über 2 bis 7 Jahre	Rückstufung um eine Klasse für jedes angefangene Jahr der Unterbrechung
über 7 Jahre	wie Neuantrag, da der Rabatt verfällt

▶ **Hinweis**

Fast alle Versicherer stufen den Vertrag nach Unterbrechung in die Klasse ein, die bei Unterbrechung galt, wenn der Vertrag nicht länger als 7 Jahre unterbrochen war und der Versicherungsnehmer nachweisen kann, dass ihm die Fahrerlaubnis in dieser Zeit nicht entzogen wurde.

Besonderheit: Saisonkennzeichen

Versichert der Versicherungsnehmer erstmals ein Fahrzeug mit Saison-kennzeichen (z. B. Motorrad von April bis Oktober), wird der Vertrag jährlich weitergestuft, wenn keine Schäden verursacht werden und der Vertrag mind. 6 Monate im Kalenderjahr besteht und die Unterbrechung nicht mehr als 6 Monate dauert.

I. 3.2 AKB 2008

LF
2

LF
11

LF
15

▶ Beispiel

Der Pkw-Vertrag des Herrn Müller wurde am 11.11.2008 unterbrochen und war in SF 8 (KH und VK) eingestuft. Am 30.6.2011 wird der Vertrag durch Fahrzeugwechsel wieder in Kraft gesetzt. Grund der Unterbrechung war ein Entzug der Fahrerlaubnis im November wegen überhöhter Geschwindig-keit.

In welche SF Klasse (KH und VK) erfolgt die Einstufung am 30.6.2011?

Lösung

Am 11.11.2008   KH: SF 8 – 50 %   VK: SF 8 – 50 %

Wiederinkraftsetzug
bis 11.11.2009   KH: SF 8– 50 %   VK: SF 8 – 50 %
bis 11.11.2010   KH: SF 7– 50 %   VK: SF 7 – 50 %
bis 11.11.2011   KH: SF 6– 55 %   VK: SF 6 – 55 %

Die Einstufung erfolgt am 30.6.2011 jeweils in SF 6.

Einstufung nach Unterbrechung und Schaden

Wenn zum v. g. Beispiel neben einer Rückstufung aufgrund einer Unter-brechung von mehr als einem Jahr gleichzeitig ein gemeldeter Schaden zu berücksichtigen ist, so ist bei der SFR-Einstufung zunächst die Rück-stufung aufgrund des Schadens und danach aufgrund der Unterbre-chung vorzunehmen.

▶ Beispiel

Der Pkw-Vertrag wurde am 20.1.2010 unterbrochen und be-fand sich in SF 18 (KH). Am selben Tag wurde ein ersatzpflich-tiger Haftpflichtschaden gemeldet. Am 12.10.2011 wird der Vertrag wieder in Kraft gesetzt.
a) In welche SF-Klasse erfolgt die Einstufung im Kalenderjahr der Wiederinkraftsetzung?
b) Wie sieht die Einstufung im Jahr danach aus?

Lösung zu a)

Am 20.1.2010   SF 18
SF 7 (Rückstufung aufgrund des Schadens)

Wiederinkraftsetzung
bis 20.1.2011   SF 7
bis 20.1.2012   SF 6

Die Einstufung erfolgt bei Wiederinkraftsetzung am 12.10.2012
in die Schadenfreiheitsklasse SF 6 (55 %).

Einstufung im Kalenderjahr nach der Wiederinkraftsetzung

I. 6.3.1 AKB 2008   Bestand der Versicherungsvertrag im Kalenderjahr der Wiederinkraftsetzung mindestens 6 Monate, erfolgt im darauf folgenden Kalender-
jahr eine Weiterstufung.

Lösung zu b)

Im o. g. Beispiel bestand der Vertrag 2011 weniger als 6 Monate mit der Folge, dass 2012 keine Weiterstufung erfolgt.
am 12.10.2011 SF 6   (Wiederinkraftsetzung)
am   1. 1.2012 SF 6   (da 2011 keine 6 Monate bestanden)
am   1. 1.2013 SF 7

2.6   Fahrzeugwechsel – Ersatzfahrzeug

I. 6.1.1 AKB 2008   Versichert der Versicherungsnehmer nach Veräußerung des Fahrzeugs
oder Wegfall des Wagnisses ein anderes Fahrzeug (Ersatzfahrzeug), so
können die schadenfreien Jahre (und Schäden) berücksichtigt werden,
wenn das Ersatzfahrzeug der gleichen oder einer niedrigeren **Fahrzeug-
gruppe** angehört.

▶ Beispiel

Der Versicherungsnehmer veräußert am 8.8.2010 seinen Pkw
(KH: SF 25, VK: SF 20) und versichert als Ersatzfahrzeug ein
Motorrad (Kraftrad, Wagniskennziffer: 003). Er beantragt auch
Versicherungsschutz im Rahmen der Vollkasko.

a) In welcher SF-Klasse wird das Krad zum Zeitpunkt des Fahrzeugwechsels eingestuft (KH und VK)?

b) In welche SF-Klasse erfolgt die Einstufung, wenn der Versicherungsnehmer im nächsten Jahr am 4.4.2011 das Krad
veräußert und wieder einen Pkw versichert?

Lösung zu a)

Aufgrund der Fahrzeuggruppeneinteilung ist die SFR-Übertragung von Pkw auf Krad möglich, da sich beide Fahrzeuge in der gleichen Gruppe befinden. Die Einstufung beim Krad wird nach der Zweiräder-SF-Staffel durchgeführt. Übertragen werden die schadenfreie Jahre (25 Jahre bzw. 20 Jahre) und Schäden, die im laufenden Jahr verursacht werden. Da die Zweiräder-SF-Tabelle berücksichtigt wird, erfolgt die Einstufung jeweils in SF 8.

Vertrag – Pkw (am 8.8.2006)	Vertrag – Krad
KH: 25 Jahre = SF 25 (30 %) ➝	KH: 25 Jahre = SF 8 (35 %)
VK: 20 Jahre = SF 20 (35 %) ➝	VK: 20 Jahre = SF 8 (45 %)

Lösung zu b)

Da nicht die SF-Klassen, sondern die am Tag der SFR-Übertragung vorhandenen schadenfreien Jahre übertragen werden, wird auch hier die Anzahl der schadenfreien Jahre (2007: KH 26 Jahre und VK 21 Jahre) in die für das Ersatzfahrzeug geltende SF-Staffel (für Pkw gilt die lange Staffel) eingestuft.

	Krad
8.8.2006 ➝	KH: 25 Jahre = SF 8 (35 %)
	VK: 20 Jahre = SF 8 (45 %)
1.1.2007 ➝	KH: 26 Jahre = SF 8 (35 %)
	VK: 21 Jahre = SF 8 (45 %)
	Pkw (Fahrzeugwechsel)
4.4.2007 ➝	KH: 25 Jahre = SF 26 (35 %)
	VK: 20 Jahre = SF 21 (45 %)

▶ Beispiel

Der Versicherungsnehmer verursacht am 10.10.2006 mit seinem Pkw (KH: SF 25, VK: SF 20) einen ersatzpflichtigen Haftpflichtschaden, bei dem auch sein Pkw erheblich beschädigt wird. Beide Schäden werden von seiner Kfz-Versicherung reguliert. Ebenfalls am 10.10.2006 meldet er seinen Pkw beim Straßenverkehrsamt ab und versichert als Ersatzfahrzeug ein Krad (Wagniskennziffer: 003). Er beantragt Versicherungsschutz in der KH und Vollkasko.

a) In welche SF-Klasse wird das Krad zum Zeitpunkt des Fahrzeugwechsels eingestuft (KH und VK)?

b) In welche SF-Klasse wird der Vertrag im nächsten Jahr (2007) eingestuft?

c) In welche SF-Klasse erfolgt die Einstufung, wenn der Versicherungsnehmer im Rahmen eines Fahrzeugwechsels das Krad am 3.3.2011 verkauft und am gleichen Tag wieder einen Pkw versichert?

Lösung zu a)

Die Einstufung erfolgt, wie im o. g. Beispiel erläutert, jeweils in SF 8. Die verursachten Schäden wirken sich erst im nächsten Jahr aus.

Vertrag-Pkw (am 10.10.2010)	Vertrag-Krad
KH: 25 Jahre = SF 25 (30 %) ➞	KH: 25 Jahre = SF 8 (35 %)
VK: 20 Jahre = SF 20 (35 %) ➞	VK: 20 Jahre = SF 8 (45 %)

Lösung zu b)

Da sich die Schäden (KH und VK), die in 2010 verursacht wurden, erst im nächsten Jahr auswirken und die Rückstufung nach der dann gültigen SF-Tabelle erfolgt, wird der Kfz-Vertrag für das Krad jeweils in die SFR-Klasse 5 eingestuft.

	Krad
10.10.2010 ➞	KH: 25 Jahre = SF 8 (35 %) + 1 Schaden
	VK: 20 Jahre = SF 8 (45 %) + 1 Schaden
1. 1.2011 ➞	KH: 5 (40 %)
	VK: 5 (50 %)

Lösung zu c)

Da durch die Rückstufung der Schadenfreiheitsrabatt auf SF 5 reduziert wurde, kann auch die darüber hinausgehende Anzahl der schadenfreien Jahre in die für das Ersatzfahrzeug geltende Staffel (Pkw – lange Staffel) entsprechend eingestuft werden, mit der Folge, dass der Pkw-Vertrag SF 5 erhält.

	Pkw (Fahrzeugwechsel)
3.3.2011 ➞	KH: 5 Jahre = SF 5 (55 %)
	VK: 5 Jahre = SF 5 (55 %)

Gruppeneinteilung

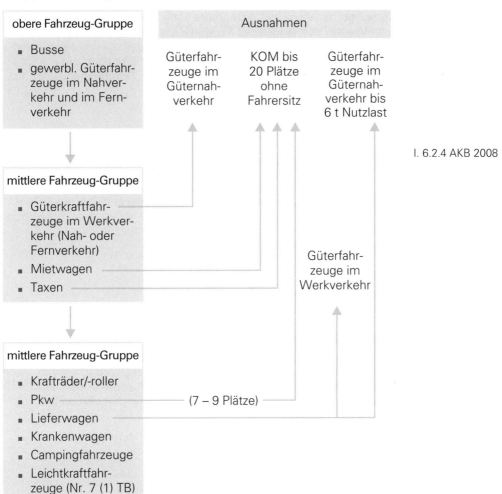

obere Fahrzeug-Gruppe	Ausnahmen		
■ Busse ■ gewerbl. Güterfahrzeuge im Nahverkehr und im Fernverkehr	Güterfahrzeuge im Güternahverkehr	KOM bis 20 Plätze ohne Fahrersitz	Güterfahrzeuge im Güternahverkehr bis 6 t Nutzlast

I. 6.2.4 AKB 2008

mittlere Fahrzeug-Gruppe

■ Güterkraftfahrzeuge im Werkverkehr (Nah- oder Fernverkehr)
■ Mietwagen
■ Taxen

Güterfahrzeuge im Werkverkehr

mittlere Fahrzeug-Gruppe

■ Krafträder/-roller
■ Pkw —————— (7 – 9 Plätze) ——————
■ Lieferwagen
■ Krankenwagen
■ Campingfahrzeuge
■ Leichtkraftfahrzeuge (Nr. 7 (1) TB)

LF 2

LF 11

LF 15

Fahrzeugparkverringerung

Wird das ausgeschiedene Fahrzeug nicht ersetzt, können die schadenfreien Jahre (einschl. Schäden) auf einen anderen auf den Versicherungsnehmer abgeschlossenen Vertrag unter Berücksichtigung der o. g. Gruppeneinteilung übertragen werden.

I. 6.1.3 AKB 2008	**Fahrzeugparkerweiterung**

Versichert der Versicherungsnehmer ohne Veräußerung des Fahrzeugs oder Wegfall des Wagnisses ein weiteres Fahrzeug, können die schadenfreien Jahre (einschl. Schäden) auf den neu hinzukommenden Vertrag übertragen werden. Der bisherige Vertrag wird dann wie ein erstmals abgeschlossener Vertrag behandelt **(z. B. Zweitwagenregelung)**.

I. 6.1.4 AKB 2008	**SFR-Tausch bei Fahrzeugparkerweiterung**

Im Rahmen der Fahrzeugparkerweiterung kann der Versicherungsnehmer zusätzlich den Tausch der Rabatte mit einem weiteren auf seinen Namen lautenden Kfz-Vertrag vornehmen.

Diese Regelung ist anwendbar, wenn es sich bei den Fahrzeugen um PKWs, Kräder oder Campingfahrzeuge handelt. Dabei ist auch die Gruppeneinteilung nach Nr. 25 (1) TB zu berücksichtigen.

▶ Beispiel

Herr Syring hat bei uns zwei Kfz-Verträge.

Vertrag 1: Krad Yamaha, KH-SF 8 (11 schadenfreie Jahre)

Vertrag 2: Pkw VW Touran, KH-SF 20

Er hat einen Pkw BMW gekauft und möchte diesen zusätzlich versichern. Gleichzeitig beantragt er die SFR-Übertragung von „Vertrag 2" (VW Touran) auf das neu hinzukommende Fahrzeug mit SFR-Tausch zwischen dem betreffenden Vertrag und seinem weiteren „Vertrag 1".

Vertrag 1	Vertrag 2	Vertrag – neu
Krad Yamaha	PKW VW Touran	PKW BMW
KH-SF 8 (11 J.)	KH-SF 20	KH – ?

Schritt 1 SFR-Übertragung gem. Nr. 25 (4) TB

Folge Der BMW wird in SF 20 eingestuft. Der Touran wird wie ein Neuvertrag behandelt und in SF ½ bzw. SF 2 eingestuft.

Schritt 2 SFR-Rabatt-Tausch mit Vertrag 1

Folge Der SFR aus Vertrag 1 (SF 8 bzw. 11 schadenfreie Jahre) wird mit dem SFR aus Vertrag 2 (SF ½ bzw. SF 2) getauscht. Auch Schäden, die im laufenden Versicherungsjahr eingetreten sind, werden ebenfalls getauscht.

Ergebnis

Vertrag 1	Vertrag 2	Vertrag – neu
Krad Yamaha	PKW VW-Touran	PKW BMW
KH-SF ½	KH-SF 11	KH-SF 20

Da der Vertrag 1 (Krad) wie ein erstmals abgeschlossener Vertrag behandelt wird, findet Nr. 15 (7) Anwendung. Wäre im Vertrag 1 ein PKW versichert, würde die Einstufung in SF-2 erfolgen, wenn die weiteren Voraussetzungen nach Nr. 15 (8) TB zutreffen.

SFR-Tausch bei Fahrzeugwechsel

I. 6.1.2 AKB 2008

Hat der Versicherungsnehmer mehr als ein Fahrzeug (PKW, Krad oder Campingfahrzeug) versichert, so kann er bei Fahrzeugwechsel beantragen, dass zeitgleich der Schadenfreiheitsrabatt (einschl. Schäden im laufenden Versicherungsjahr) des betreffenden Vertrags mit einem anderen auf seinen Namen lautenden Kfz-Vertrag (PKW, Krad oder Campingfahrzeug) getauscht wird. Dabei müssen die Voraussetzungen bezüglich der Gruppeneinteilung nach Nr. 25 (1) TB berücksichtigt werden.

▶ Beispiel

Frau Deutschmann hat zwei Kfz-Verträge bei uns abgeschlossen.

Vertrag 1 PKW – VW-Polo, KH-SF 5 (5 schadenfreie Jahre)

Vertrag 2 Krad – Honda, KH-SF 8 (10 schadenfreie Jahre)

Sie beantragt zum „Vertrag 1" einen Fahrzeugwechsel. Den Polo hat sie veräußert und möchte nun einen PKW – Audi A3 versichern. Gleichzeitig beantragt sie einen Rabatt-Tausch zum betreffenden „Vertrag 1".

neu	Vertrag 1	Vertrag 2
PKW Audi A3	PKW – VW-Polo	Krad – Honda
	KH-SF 5	KH-SF 8 (10 J.)

Fahrzeugwechsel   Rabatt-Tausch

Ergebnis

Im Rahmen des Fahrzeugwechsels ist der Rabatt-Tausch
möglich. Der Audi A3 wird im Vertrag 1 in die SF-Klasse 10
eingestuft. Der Vertrag 2 erhält die SF-Klasse 5.

Vertrag 1	Vertrag 2
PKW – Audi A3	Krad – Honda
KH-SF 10	KH-SF 5

2.7 Versichererwechsel

▶ Erläuterung

I. 6.1.6 AKB 2008

Der Versicherer muss dem Versicherungsnehmer bei Beendigung des
Vertragsverhältnisses auf dessen Verlangen eine Bescheinigung mit folgendem Inhalt ausstellen und aushändigen:

- Vertragsdauer
- Anzahl und Daten der angefallenen ersatzpflichtigen Schäden
- Auflösung einer Schadenrückstellung, falls keine Leistung erfolgt

§ 5 Abs. 7 PflVG

Die direkte Übermittlung der Versichererwechsel-Bescheinigung an den
Nachversicherer haben viele Versicherer in ihren Tarifbestimmungen
mit dem Versicherungsnehmer vertraglich vereinbart. Unabhängig
davon kann der Versicherungsnehmer auf die Aushändigung der Bescheinigung bestehen.

2.8 Übertragung des Schadenfreiheitsrabattes

▶ Erläuterung

I. 6.2.5 AKB 2008

Grundsätzlich ist das Merkmal der Schadenfreiheit personengebunden
und nicht übertragbar. Wenn eine Person den Rabatt **„er-fahren"** hat,
besteht die Möglichkeit den Schadenfreiheitsrabatt zu übernehmen
(„Rabattübertragung"). Dabei werden nicht nur die schadenfreien
Jahre, sondern auch die angefallenen Schäden berücksichtigt.

Voraussetzung für die Übertragung

- der bisherige Versicherungsnehmer muss seinen Anspruch auf den SFR **abtreten**
- der neue Versicherungsnehmer muss glaubhaft machen, dass er den SFR **erfahren** hat (z. B. Führerschein vorhanden, gleicher Wohnort wie bisheriger Versicherungsnehmer)
- das Fahrzeug des bisherigen Versicherungsnehmers muss mind. der gleichen **Fahrzeuggruppe** angehören
- der Vertrag des bisherigen Versicherungsnehmers darf zum Zeitpunkt der Geltendmachung der Übertragung nicht länger als **12 Monate** unterbrochen sein.

Weitere Voraussetzungen

- der neue und bisherige Versicherungsnehmer müssen in häuslicher Gemeinschaft wohnen

  – oder –

- zwischen beiden muss ein Verwandtschaftsverhältnis ersten Grades im Sinne des § 1589 BGB (Eltern/Kinder, keine Schwiegereltern bzw. Schwiegerkinder) bestehen.

Die Voraussetzungen werden durch die entsprechenden Unterschriften auf einem Formular erfüllt bzw. nachgewiesen.

▶ Beispiel

Der Sohn des Herrn Fischer, Peter Fischer, möchte erstmals am 5.7.2011 einen Pkw versichern. Sein Vater Jakob Fischer (Dritter), ist bereit, den Rabatt (SFR 12–40 %) seines Pkw-Vertrages abzutreten. Während der bisherigen Laufzeit ist im April 2003 ein ersatzpflichtiger Haftpflichtschaden eingetreten. Der Versicherungsnehmer (Sohn Peter), der mit seinem Vater nicht in häuslicher Gemeinschaft lebt, legt seinen am 1.3.1994 ausgestellten Führerschein der Klasse 3 bzw. B vor und macht glaubhaft, ab diesem Zeitpunkt das Fahrzeug regelmäßig gefahren zu haben.

In welche Schadenfreiheitsklasse wird der Vertrag des Versicherungsnehmers, Sohn Peter Fischer, eingestuft bzw. welchen Beitragssatz muss er zahlen?

Lösung

Aufgrund der Angaben des Versicherungsnehmers wird errechnet, in welcher SF-Klasse sich das Fahrzeug befinden würde, wenn er es ab Beginn (Datum der Führerscheinausstellung) auf seinen Namen versichert hätte. Dabei ist darauf zu achten, dass der Kfz-Vertrag des Dritten zu diesem Zeitpunkt bereits existierte.

ab	1.3.1999	Kl 0	230 %	Beitragssatz
ab	1.1.2000	SF ½	140 %	– " –
ab	1.1.2001	SF 1	140 %	– " –
ab	1.1.2002	SF 2	140 %	– " –
ab	1.1.2003	SF 3	140 %	– " – (1 KH-Schaden 2003)
ab	1.1.2004	SF 1	140 %	– " –
ab	1.1.2005	SF 2	140 %	– " –
ab	1.1.2006	SF 3	140 %	– " –
ab	1.1.2007	SF 4	140 %	– " –
ab	1.1.2008	SF 5	140 %	– " –
ab	1.1.2009	SF 6	140 %	– " –
ab	1.1.2010	SF 7	140 %	– " –
ab	1.1.2011	SF 8	140 %	– " –

Der Versicherungsnehmer wird am 5.7.2011 in die SF-Klasse 8 eingestuft. Die Angleichung an den KH-SFR kann bei Abschluss einer Vollkasko berücksichtigt werden, wenn die Voraussetzungen erfüllt sind. Der Vertrag des Dritten wird wie ein erstmals abgeschlossener Vertrag behandelt und entsprechend eingestuft.

▶ **Hinweis**

I. 6.2.5 (c) AKB 2008

Ist der **bisherige Versicherungsnehmer verstorben**, muss die SFR-Übertragung innerhalb einer Frist von **12 Monaten** seit dem Tode des Dritten geltend gemacht bzw. beantragt werden. Soweit der Vertrag bereits vorher unterbrochen war, darf die Beendigung nicht länger als **12 Monate** zurückliegen.

▶ Beispiel

Der Versicherungsnehmer Lange versichert am 1.6.2011 ein weiteres Kfz auf seinen Namen. Er beantragt die Rabattübertragung vom Kfz-Vertrag seines Vaters, da dieser am 10.1.2011 verstorben ist. Der Vertrag wurde am 10.3.2010 unterbrochen, da die Fahrtüchtigkeit des Vaters nicht mehr gegeben war. Aus den Unterlagen geht hervor, dass sich das Kfz in SF 15 befand und seit Beginn keine Schäden angefallen waren.

Welche SF-Klasse kann der Versicherungsnehmer übernehmen, wenn er glaubhaft nachweist, das Kfz ständig gefahren zu haben und er seit dem 1.7.1996 im Besitz einer gültigen Fahrerlaubnis der Klasse 3 bzw. B ist?

▶ Lösung

Die SF-Übertragung kann nicht erfolgen, da zwischen der Fahrzeug-Abmeldung (10.3.2010) und dem Tag der Beantragung (1.6.2011) mehr als 12 Monate liegen. Da der Dritte verstorben ist, kann in diesem Fall auch keine Wiederinkraftsetzung auf den Namen des bisherigen Versicherungsnehmers mit einer später erfolgenden Rabattübertragung durchgeführt werden.

2.9 Beitragsberechnung für unterjährige Versicherungsverträge (Kurztarif)

▶ Situation

Der Versicherungsnehmer vereinbart für eine Urlaubsfahrt nach Griechenland für einen Monat eine Fahrzeugvollversicherung für seinen Pkw. Als er die Beitragsberechnung bekommt, wundert er sich, dass er mehr als $\frac{1}{12}$ des Jahresbeitrages bezahlen muss. Er fragt den Versicherungsvertreter nach dem Grund der Abweichung.

▶ Erläuterung

Für Versicherungen mit kürzerer Dauer als ein Jahr wird der Beitrag in der Kraftfahrtversicherung üblicherweise nach Kurztarif berechnet. Kurzfristige Versicherungsverträge verursachen höhere Verwaltungskosten; deshalb ist der Beitrag für kurzfristige Verträge auch höher als nach der p. r. t.-Methode.

C. 2.1 AKB 2008

In der Kurztarifstaffel sind nach der Dauer des Vertrages Prozentsätze angegeben, die auf den Jahresbeitrag bezogen werden. Viele Versicherungsunternehmen sehen Mindestbeiträge vor.

Versicherungsdauer	Prozent des Jahresbeitrages
bis zu 1 Monat	15 %
bis zu 2 Monaten	25 %
bis zu 3 Monaten	30 %
bis zu 4 Monaten	40 %
bis zu 5 Monaten	50 %
bis zu 6 Monaten	60 %
bis zu 7 Monaten	70 %
bis zu 8 Monaten	75 %
bis zu 9 Monaten	80 %
bis zu 10 Monaten	90 %
bis zu 11 Monaten	100 %
über 11 Monate	100 %

▶ Beispiel

Der Versicherungsnehmer beantragt eine kurzfristige Fahrzeugvollversicherung für die Zeit vom 10.7. – 9.8. Jahresbeitrag 1.100 € einschließlich Versicherungsteuer.

▶ Lösung

Versicherungsdauer 29 Tage (bis zu 1 Monat) =
15 % des Jahresbeitrages

15 % von 1.100 € =	165 €
Beitrag nach Kurztarif	165 €

2.10 Abrechnung von Rückbeiträgen

▶ Situation

Der Versicherungsnehmer hat seinen Pkw verkauft. Er fragt, ob er den
unverbrauchten Beitrag zurückbekommt.

▶ Erläuterung

Rückbeiträge werden für Versicherungsverträge gewährt, die vor Ver-
tragsablauf enden bzw. vor Ende der Versicherungsperiode aufgehoben
werden. Wird ein Vertrag neu geordnet, so können sich unverbrauchte
Beitragsanteile ergeben, die auf den neuen Vertrag bzw. auf die neue
Versicherungsperiode angerechnet werden.

Rückbeiträge können entstehen z. B. bei:

▪ Kündigung des Versicherers nach Versicherungsfall G. 3.3 AKB 2008
▪ Kündigung nach Veräußerung G. 2.5 AKB 2008
▪ Wagniswegfall G. 8 AKB 2008

Kündigt der Versicherer oder der Erwerber nach Veräußerung des Kfz,
so steht dem Versicherungsnehmer der unverbrauchte Beitrag zu. Als
Kündigung gilt, wenn der Erwerber des Kfz eine neue Kraftfahrtversicherung abschließt, ohne die auf ihn übergegangene Versicherung zu
kündigen.

**Rückbeiträge werden genau nach Tagen (anteilig) oder nach
Kurztarif berechnet.**

▶ Beispiel

Der Käufer meldet das Kfz zum 10.4. bei der Zulassungsstelle an und legt die Versicherungsbestätigungskarte eines anderen Versicherers vor. Damit gilt die bisherige Versicherung des Verkäufers (Versicherungsnehmers) als gekündigt.

Bisherige Versicherung

Hauptfälligkeit 1.1., Versicherungsbeitrag einschließlich Versicherungsteuer 420 € (jährlich). Der Versicherungsnehmer kauft kein neues Fahrzeug. Die Abrechnung des Rückbeitrages erfolgt nach:

Veräußerung

G. 25 / G. 7 AKB 2008

Kündigt der Versicherer oder der Erwerber, gebührt dem Versicherer nur der auf die Zeit des Versicherungsschutzes entfallende anteilige Beitrag. Hat das Versicherungsverhältnis weniger als ein Jahr bestanden, so wird für die Zeit vom Beginn bis zur Veräußerung der Beitrag nach Kurztarif (Nr. 3 der Tarifbestimmungen) oder, wenn innerhalb eines Jahres eine neue Kraftfahrtversicherung bei demselben Versicherer abgeschlossen wird, der Beitrag anteilig nach der Zeit des gewährten Versicherungsschutzes berechnet.

Lösung

a) Das Versicherungsverhältnis bestand länger als ein Jahr:

Abrechnung p. r. t. (genau nach Tagen)

Rückbeitrag für 261 Tage

| 1.1. | 10.4.
Kündigung | 1.1. |

Beitrag 420 €

für 261 Tage $\dfrac{420 \times 261}{360}$ = 304,50 € Rückbeitrag

b) Das Versicherungsverhältnis hat weiniger als ein Jahr bestanden (Beginn 1.1.)

Abrechnung nach Kurztarif

Der Versicherer hat Anspruch auf den Beitrag nach Kurztarifstaffel für die Zeit vom Beginn bis zur Kündigung.

Beitrag nach Kurztarif

für 3 Monate und 9 Tage (= bis zu 4 Monaten)

```
   ⎧‾‾‾‾‾‾⌢‾‾‾‾‾‾⎫
├──┴──────────┴──────────────────────────────────┤
1.1.          10.4.                              1.1.
            Kündigung
```

Beitrag	420 €
– verbrauchter Beitragsanteil (40 % von 420 €)	168 €
Rückbeitrag	252 €

Der Rückbeitrag nach Kurztarif ergibt sich aus gezahltem Beitrag abzüglich verbrauchtem Beitragsanteil.

Bei Ratenzahlung wir der Rückbeitrag aus dem gezahlten Teilbeitrag – aber einschließlich Ratenzuschlag – berechnet.

Übungen

1. Ihre Kundin, Frau Entling, möchte von Ihnen ein Angebot für einen VW-New Beetle 1,9 TDI. Sie möchte für das Kfz eine Haftpflicht und eine Vollkasko mit 300 € (einschl. Teilkasko ohne Selbstbeteiligung) abschließen.

   Welche Angaben benötigen Sie von der Kundin?

2. Der Versicherungsnehmer Schulz teilt bei Antragsaufnahme mit, dass er einen kleinen landwirtschaftlichen Betrieb von etwas weniger als 2 ha Größe bewirtschaftet.

   Hat der Versicherungsnehmer Anspruch auf die Einstufung in die Tarifgruppe A?

3. Seit 10 Jahren fährt der Versicherungsnehmer Weber seinen bei Ihrer Gesellschaft versicherten Pkw unfallfrei. Jetzt möchte er zusätzlich ein Zweitfahrzeug (Krad) versichern. Er beantragt die Einstufung in die SF-Klasse ½.

   Wie reagiert der Versicherer?

4. Herr Blank, der den Führerschein der Klasse 3 bereits seit 5 Jahren besitzt, möchte heute erstmals einen Pkw auf seinen Namen versichern. Er möchte von Ihnen wissen, unter welchen Voraussetzungen (alle Möglichkeiten) sein Kfz in eine günstige SF-Klasse eingestuft wird.

5. Der Versicherungsnehmer Witte versichert seinen Pkw als Zweitwagen mit SF ½. Versicherungsbeginn ist der 1.8. des letzten Jahres gewesen.

   In welcher SF-Klasse befindet sich der Vertrag heute? Wie sieht die Einstufung zum 1.1. des nächsten Jahres aus?

6. In diesem Jahr hat der Versicherungsnehmer Hermann mit seinem seit 7 Jahren bei Ihrer Gesellschaft unfallfrei versicherten Lieferwagen einen KH-Schaden schuldhaft verursacht. Der Versicherungsnehmer zahlt zurzeit einen Jahresbeitrag von 1.000 € (KH: 550 € – SF 3, VK: 450 € – SF 3).

   Welchen Jahresbeitrag zahlt er im nächsten Jahr?

7. Erläutern Sie den Einfluss einer Vertragsunterbrechung auf die Einstufung des Vertrages im Jahr der Wiederinkraftsetzung und im darauf folgenden Jahr.

8. Legen Sie Ihrer Kundin Frau Sandmann die Voraussetzungen dar, unter denen die Anrechnung einer Schadenfreiheit aus Verträgen Dritter möglich ist.

9. Frau Hoffmann ruft Sie an und verlangt ein Angebot über die Prämienhöhe ihres eigenen Pkw.

   Welche Angaben benötigen Sie bezüglich der Person, des Fahrzeugs und des Versicherungsumfanges?

10. Was verstehen Sie unter vorläufiger Deckungszusage? Wie erfolgt die Zusage in der Kraftfahrt-Haftpflicht- bzw. in der Kaskoversicherung?

11. In Ihrem Büro erscheint am 5. Mai 2011 der Kunde Helmut Karg (geb. am 18. Mai 1990) und möchte von Ihnen eine Versicherungsbestätigung für sein neues Campingkraftfahrzeug/Wohnmobil (Fiat, 90 KW, 2.800 ccm, 5.000 km Fahrleistung im Jahr, keine Garage, Baujahr 2010, sein Wunschkennzeichen ist ES-AA 100).

    Herr Karg wohnt in 72649 Nürtingen. Er ist Angestellter und hat seinen Führerschein bei Vollendung seines 18. Lebensjahres erhalten. Er ist verheiratet mit Karin (geb. am 22. April 1992). Sie haben keine Kinder.

    Seinen Pkw Marke VW Golf IV 1,9 TDI mit 110 KW hat er bereits bei der Proximus Versicherung AG versichert. Sein Vater besitzt einen BMW Mini Cooper mit 85 KW, der mit SF 25 bei der Proximus Versicherung AG versichert ist. Altershalber möchte er nicht mehr fahren und seinen Führerschein und sein Fahrzeug abgeben.

    Beraten Sie den Kunden Helmut Karg (ohne Beitragsberechnung).

12. Frau Huber ist 63 Jahre alt und fährt seit 35 Jahren unfallfrei. Bei der Proximus Versicherung AG hat sie seit 15 Jahren einen Zweitwagen versichert. Sie beabsichtigt, den Vertrag für dieses Fahrzeug an ihren Sohn abzugeben. Ihr Sohn, geb. am 4. April 1983, besitzt seit dem 18. Geburtstag den Führerschein. Er möchte das Kfz und den Versicherungsvertrag seiner Mutter zum 1. Juni 2012 übernehmen.

    Erläutern Sie die Punkte, die Sie in einem Beratungsgespräch ansprechen.

13. Der Versicherungsnehmer schließt für die Zeit vom 15.5. bis 18.6. eine Fahrzeugvollversicherung (Jahresbeitrag 1.737 €) ab.

    Berechnen Sie den Beitrag nach Kurztarif.

14. Für die Überführung eines Kfz benötigt der Kunde für die Zeit vom 2.6. bis 6.6. Versicherungsschutz (Tarifbeitrag Kraftfahrzeug-Haftpflichtversicherung 1.144,30 €).

   a) Wie hoch ist der Beitrag nach der folgenden Tarifbestimmung?

   b) Ermitteln Sie den Beitrag, wenn der Kunde im Anschluss an die Überführungsfahrt das Kfz zulässt und bei Ihrer Versicherung den Vertrag abschließt. Der Versicherungsnehmer wünscht halbjährliche Zahlungsweise. Der Vorversicherer hat 10 schadenfreie Kalenderjahre bestätigt.

Auszug aus den Tarifbestimmungen – Unterjährige Verträge (Kurztarif)

Für die Versicherung eines Kraftfahrzeuges, das mit einem amtlich abgestempelten Kennzeichen zur einmaligen Verwendung für eine Probe- oder Überführungsfahrt bis zur Dauer von fünf Tagen zugelassen ist, beträgt der Beitrag 2 v. H. des Tarifbeitrages (Beitragssatz 100 %) für das Fahrzeug, welches das rote Kennzeichen führt; der Mindestbeitrag beträgt 75 €. Bei längerer Dauer wird für jeden angefangenen 5-Tageszeitraum ein weiterer Beitrag von 2 v. H. erhoben.

Wird das Kraftfahrzeug im Anschluss an die Probe- oder Überführungsfahrt für denselben Versicherungsnehmer mit einem ständigen (nicht roten) amtlichen Kennzeichen zugelassen, so wird die Versicherung für das rote Kennzeichen hinsichtlich der Dauer und der Tarifierung in den neu abzuschließenden Vertrag einbezogen.

15. Der Versicherungsnehmer wünscht ab 1.2. die Änderung von Fahrzeug-Teil- auf Fahrzeug-Vollversicherung. (Tarifbeitrag Teilkasko 130 €; Grundprämie Vollkasko 1.935,10 € (= 100 %), Hauptfälligkeit 1.1., vierteljährliche Zahlung.)

   Berechnen Sie den Nachbeitrag zum 1.2. Der Kraftfahrzeug-Haftpflichtvertrag befindet sich in SF 4.

16. Der Versicherer kündigt nach dem Versicherungsfall die Kraftfahrtversicherung zum 1.10. (Kraftfahrzeug-Haftpflichtversicherung: Tarifbeitrag 1.181,40 € (= 100 %), Klasse M; Fahrzeugvollversicherung: 2.490 € (= 100 %), Klasse 0, Hauptfälligkeit 1.1., halbjährliche Zahlung.)

   Wie hoch ist der anteilige Rückbeitrag?

17. Eine Kraftfahrzeug-Haftpflichtversicherung (Grundbeitrag 1.114,10 € = 100 %, SF 1/2, Hauptfälligkeit 1.1., jährliche Zahlung) wird wegen Wagniswegfall zum 16.10. aufgehoben. Der Vertrag bestand bei dem Versicherer erst seit dem 1.1. dieses Jahres.

Rechnen Sie nach § 6 a Abs. 2 AKB ab.

§ 6 a AKB Wagniswegfall

(2) In allen sonstigen Fällen eines dauernden Wegfalls des versicherten Wagnisses wird der Beitrag gemäß § 6 Absatz 3 berechnet.

18. Der Versicherungsnehmer verkauft sein Moped. Der Erwerber kündigt den Vertrag zum 15.4.; der Versicherungsnehmer gibt dem Versicherer den Versicherungsschein und das Versicherungskennzeichen zurück (Versicherungsperiode 1.3. – 28.2.; Jahresbeitrag 98 €).

Wie hoch ist der Rückbeitrag nach folgendem AKB-Auszug?

§ 6 AKB Veräußerung

Für Fahrzeuge, die ein Versicherungskennzeichen führen müssen, gilt abweichend von den Bestimmungen des Absatzes 3:

Dem Versicherer gebührt der Beitrag für das laufende Verkehrsjahr, wenn der Vertrag für das veräußerte Fahrzeug vom Versicherer oder dem Erwerber gekündigt wird. Dem Versicherer gebührt jedoch nur der Beitrag für die Zeit des Versicherungsschutzes nach Kurztarif, wenn der Versicherungsnehmer ihm den Versicherungsschein sowie das Versicherungskennzeichen des veräußerten Fahrzeugs aushändigt und die Kündigung des Erwerbers vorliegt.

19. Frau Silke Abendroth möchte ein Fahrzeug bei uns versichern und erwartet ein Angebot. Sie wohnt in Wismar und hat den bei der Proximus Versicherung AG versicherten Wagen – Honda Accord STH 2,3 – 154 PS, HWI-LL 12, ihres Vaters übernommen. Dieser hat seit 30 Jahren einen Führerschein und fährt seit 16 Jahren (SF 16) unfallfrei. Frau Abendroth ist 24 Jahre alt, hat seit Oktober (vor vier Jahren) einen Führerschein und fährt seitdem den Wagen ihres Vaters bis heute unfallfrei.

Frau Abendroth möchte das fünf Jahre alte Fahrzeug nun auf ihren Namen versichern und den bestehenden Rabatt übernehmen. Frau Abendroth nutzt das Fahrzeug alleine und fährt im Jahr ca. 10.000 km. Sie wünscht eine Kraftfahrzeughaftpflichtversicherung mit 100 Mio. Deckung mit Schutzbrief.

a) Nehmen Sie die Einstufung in die entsprechende SF-Klasse vor.

b) Ermitteln Sie die Jahresprämie einschließlich gültiger Versicherungssteuer.

20. Ihr Kunde Franz Altmann (50 Jahre) aus Herne, kaufmännischer Angestellter in einem Industriebetrieb, hat bei Ihnen bereits mehrere Versicherungsverträge. Sein zu erwerbender Gebrauchtwagen ist ein BMW Mini Cooper S 1,61 mit 163 PS (120 KW) (TSN 722), eineinhalb Jahre alt, Topzustand.

Herr Altmann wünscht von Ihnen Informationen über die preislichen Unterschiede einer Vollkaskoversicherung gegenüber einer Teilkaskoversicherung. Die Teilkasko soll ohne SB sein, die Vollkasko eine SB von 300 € einschließlich Teilkasko ohne SB aufweisen. Herr Altmann hat eine jährliche Fahrleistung von 18.000 km und fährt das Fahrzeug selbst, gelegentlich fährt auch seine 40-jährige Ehefrau (keine weiteren Tarifmerkmale). Herr Altmann ist aufgrund langjährigen unfallfreien Fahrens mit der Haftpflichtversicherung in die SF-Klasse 25 eingestuft. Amtliches Kennzeichen wird HER-FE 5040 sein.

Berechnen Sie die Beiträge einschließlich gültiger Versicherungssteuer.

3. Kraftfahrzeug-Haftpflichtversicherung

LF
2

LF
11

LF
15

3.1 Haftungsgrundlagen

▶ **Situation**

Voller Freude ist Ihre Kundin mit ihrem Cabrio unterwegs. In der Zeitung hat sie nun von einigen Autounfällen gelesen. Toi toi toi, bisher ist alles gut gegangen. Doch was ist, wenn sie mal jemand anderem einen Schaden zufügen würde? Was zahlt ihre Versicherung und sind alle Fälle abgedeckt? Sie kommt bei Ihnen vorbei, um sich darüber zu informieren, wie alles geregelt ist. In besonderem Maße interessiert sie, welche Haftungsgrundlagen für welchen Fall gelten.

Deckungsverhältnis

Das Deckungsverhältnis bezieht sich auf das Verhältnis zwischen dem Versicherungsnehmer und seinem Versicherer. Hier ist zu prüfen, ob der Versicherungsnehmer zum Schadenzeitpunkt Versicherungsschutz hat bzw. ob er seine vertraglichen Pflichten (Beitragszahlung, keine Obliegenheiten verletzt usw.) eingehalten hat.

Haftungsverhältnis

Unter Haftungsverhältnis versteht man die Beziehung zwischen dem Geschädigten/Anspruchsteller und dem Verursacher (Versicherungsnehmer). Hier ist zu prüfen, ob bzw. nach welcher Grundlage der Versicherungsnehmer als Verursacher haftet. Darüber hinaus ist zu klären, ob der Versicherungsnehmer allein haftet oder ob dem Anspruchsteller (AS) eine Mithaftung anzulasten ist.

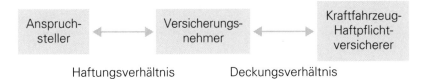

Direktanspruch

§ 3 PflVG

Der Geschädigte kann nicht nur den Verursacher (Fahrer, Halter oder Eigentümer) in Anspruch nehmen, sondern kann sich auch direkt an dessen Kfz-Haftpflichtversicherer wenden und dort seine Schadenersatzansprüche geltend machen. Durch diesen Direktanspruch hat er somit einen kompetenten und finanziell leistungsstarken Ansprechpartner.

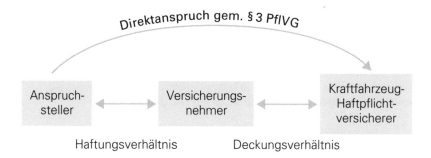

Für einen fremden Schaden haftet der Verursacher nicht nach Wunsch und Willen des Geschädigten. Die Voraussetzungen und Folgen von Schadenersatzansprüchen sind durch Gesetze geregelt. Es handelt sich also um gesetzliche und nicht um eventuell darüber hinausgehende vertragliche Schadenersatzansprüche. Diese jeweils zutreffenden Gesetze werden als Haftungsgrundlagen oder Anspruchsgrundlagen bezeichnet.

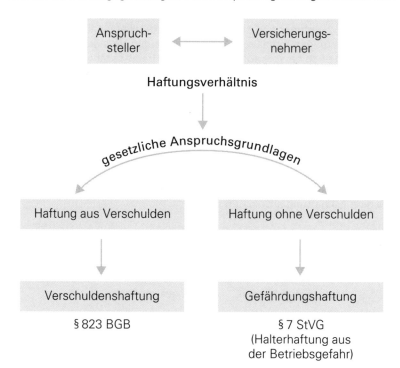

3.2 Grundlagen der Verschuldenshaftung

Verschulden

Das Kernstück der Verschuldenshaftung ist der **§ 823 BGB**. Danach haftet der Verursacher, wenn der Schaden durch schuldhaftes Handeln (ab einfacher Fahrlässigkeit gem. **§ 276 BGB**) verursacht wurde. Die Voraussetzungen, die vorliegen müssen, sind mit denen, die im Kapitel „Allgemeine Haftpflichtversicherung" genannt sind, identisch.

Beweispflicht

Der **Anspruchsteller** ist für das Vorliegen der in **§ 823 BGB** genannten Voraussetzungen in vollem Umfang beweispflichtig, wenn er Ansprüche geltend macht.

Schadenersatzleistungen

Der Verursacher des Kfz-Unfalls hat die Kosten für die Wiederherstellung des alten Zustandes vor Schadeneintritt zu ersetzen. Das Wahlrecht des Geschädigten zwischen Naturalersatz und Geldersatz ist im Kraftfahrtbereich durch das Pflichtversicherungsgesetz (§ 3 Ziff. 1 letzter Satz) auf **Geldersatz** beschränkt.

§ 249 BGB
§ 3 Abs. 1 PflVG

Nach dem BGB (§§ 823 und 253 ff.) hat der Geschädigte Anspruch auf Ersatz folgender Schäden:

Personenschäden

Hierunter fallen die Kosten für Krankenhausaufenthalt, Arzt usw., die in der Regel zunächst von den Krankenkassen verauslagt und anschließend vom Verursacher zurückgefordert werden.

Personenfolgeschäden

Als Folgeschäden sind Lohnausfall, Haushaltshilfekosten, berufliche Nachteile, Umschulungskosten usw. zu verstehen.

Schmerzensgeld

Der Schmerzensgeldanspruch richtet sich nach der Art und Schwere der Verletzung. Zur Orientierung dient eine Sammlung von Gerichtsurteilen, die zu einem „Schmerzensgeldkatalog" zusammengefasst ist und regelmäßig aktualisiert wird.

Urteile lfd. Nr. 310–318

Lfd. Nr.	Betrag €	Verletzung	Dauer und Umfang der Behandlung; Arbeitsunfähigkeit	Person des Verletzten	Besondere Umstände, die für die Entscheidungen maßgebend waren	Gericht, Datum der Entscheidung, Az., Veröffentlichung der Einsender
310	650 €	HWS-/LWS-Zerrung, Bauchzerrung bzw. Bauchprellung, Prellung rechter Ellenbogen und rechtes Knie	4 Tage Krankenhaus, ca. 2 Wochen arbeitsunfähig	Frau		AG Ludwigshafen 8.2.2000 2 c C 296/99 RAe Weyrich & Kollegen, Ludwigshafen
311	650 €	HWS-Schleudertrauma 1. Grades	2 Wochen Schanzsche Halskrawatte	Vertriebsdirektor		AG Mannheim 23.4.1996 1 C 888/96 Haftpflichtverband der Deutschen Industrie VvAG, Düsseldorf
312	650 €	HWS-Distorsion und Zerrung der Rückenmuskulatur	Arbeitsunfähigkeit: 12 Tage	Frau	Trotz eines geringen Aufpralles von 4,3 bis 8,8 km ist es Erfahrungstatsache, dass Verletzungen der HWS möglich sind	AG Steinfurt 15.4.1999 3 C 676/97 RAe und Notare Tschirner & Partner, Steinfurt
313	650 €	verbleibende Narbe am Auge durch Faustschlag		Mann	Faustschlag ging ein Vorgeplänkel in Form eines Gerangels voraus, an dem der Kläger nicht unbeteiligt war	LG Gießen 9.6.1993 1 S 281/92 RAe Humbroich & Partner, Nidda

LF 2

LF 11

LF 15

Lfd. Nr.	Betrag €	Verletzung	Dauer und Umfang der Behandlung; Arbeitsunfähigkeit	Person des Verletzten	Besondere Umstände, die für die Entscheidungen maßgebend waren	Gericht, Datum der Entscheidung, Az., Veröffentlichung der Einsender
314	700 €	HWS-Distorsion beim HWS-Schleudertrauma mit Druckschmerzhaftigkeit und schmerzhaft eingeschränkter Beweglichkeit im HWS-Bereich	25 Tage arbeitsunfähig, 19 Arztbesuche mit medikamentöser und physikalischer Therapie	Mann		AG Aschaffenburg 12.7.1994 23 C 891/94 RAe Huth u. Koll., Aschaffenburg
315	700 €	HWS-Syndrom	6 Wochen Schanzsche Krawatte, MdE: 2 Wochen 100% 1 Woche 40% vier ambulante Behandlungen			AG Augsburg 7.12.1988 ZfS 1989, 46
316	700 €	Prellungen rechte Schulter und rechter Beckenkamm	sechs ambulante Behandlungen; Arbeitsunfähigkeit: 2 Wochen	20-jähr. Schornsteinfeger	Kläger konnte zunächst auf der rechten Seite wegen der Beckenkammverletzung nicht schlafen	AG Gütersloh 2.12.1998 14 C 557/98 RA Strathoff, Rheda-Wiedenbrück

Lfd. Nr.	Betrag €	Verletzung	Dauer und Umfang der Behandlung; Arbeitsunfähigkeit	Person des Verletzten	Besondere Umstände, die für die Entscheidungen maßgebend waren	Gericht, Datum der Entscheidung, AZ., Veröffentlichung der Einsender
317	700 €	Schulterprellung und Ellenbogenprellung rechts	6 Wochen krankengymnastische Behandlungen, Salbenverbände und Lymphdrainagen	Mann	Ein weitergehender Schmerzensgeldanspruch war angesichts des Umstandes, dass sich die bestehende Schmerzsymptomatik komplikationslos zurückbildete, nicht auszusprechen	AG Landsberg/Lech 15.11.2001 3 C 706/01 RAe von Lucke & Partner, Landsberg
318	750 €	HWS-Distorsion	14 Tage Kopfschmerzen, 12-malige krankengymnastische Heilbehandlung	Leiterin eines Kindergartens	Keine Krankschreibung. Dass die Klägerin unter Schmerzen litt, steht für das Gericht ohne jeden Zweifel fest. Die Klägerin übt als Leiterin eines Kindergartens einen Beruf aus, der von ihr einen besonderen zeitlichen Einsatz bei hoher körperlicher und geistiger Anspannung fordert. Es wäre nicht nachvollziehbar, dass die Klägerin allein zur Erschleichung einer verhältnismäßig geringfügigen Schadensersatzforderung innerhalb kurzer Zeit mehrfach einen Arzt aufsucht und sich in eine 12-malige krankengymnastische Behandlung begibt	AG Andernach 4.9.2001 6 C 1144/00 RAin Rueber Koblenz

Auszug aus der ADAC-Schmerzensgeldtabelle – 21. Auflage

Sachschäden

Sachschäden sind Beschädigungen oder Zerstörungen am Fahrzeug, an der Kleidung, Ladung, am Gebäude usw.

Sachfolgeschäden

Hier sind die Kosten für Gutachter, Mietwagen, Rechtsanwälte, Abschleppkosten, Wertminderung usw. zu nennen.

Verzichtet der Geschädigte nach einem unverschuldeten Unfall auf einen Mietwagen, kann er für jeden schadensbedingten Ausfalltag seines Kfz eine Nutzungsausfallentschädigung gem. folgender Tabelle (auszugsweise) geltend machen (s. nächste Seite).

LF
2

LF
11

LF
15

Gruppe	pro Tag €	Fahrzeugtyp
A	27 €	Daihatsu Cuore, Fiat Cinquecento, Ford Ka 37 kW, Lada Samara, Renault Twingo
B	29 €	Citroen Saxo 33 kW, Fiat Punto SX, Opel Corsa Swing, Peugeot 106 XR, Renault Clio 40 kW, Toyota Starlet, VW Polo Servo, Kia Sephia
C	35 €	Alfa Romeo 145 1.4, Ford Escort Turnier 44 kW, Mazda 121 DLX, Opel Astra GL 55 kW, Peugeot 306 XN, Renault Megane 1.6 RN, VW Golf 55 kW
D	38 €	Audi A3 1.6, Citroen ZX 1.6 SX, Fiat Marea 1.6, Honda Civic 1.5, Nissan Sunny Traveller 2.0, Toyota Corolla 1.4 XLi, VW Golf TD
E	43 €	BMW 316 compact, Fiat Barchetta, Ford Mondeo CLX, Ford Galaxy CLX, Lancia Dedra 1.8 GT, Opel Vectra 85 kW, Renault Laguna 2.0 GT, Seat Toledo 2.0, Saab 900 2.0, Volvo V 40 1.8, Toyota Carina 1.6, VW Passat CL
F	50 €	Audi A4 TDI, BMW 318 TDS, Citroen Evasion 2.0, Citroen XM 2.0, Ford Scorpio, Honda Accord 2.0, Mercedes C 180/200, Mercedes Vito, Opel Omega 100 kW, Rover 620 Si, Toyota Previa, VW Sharan CL
G	59 €	Audi A6 1.9 TDI, BMW 520i, Z 3 1.9 Chrysler Voyager 2.5 TD, Ford Ulysse 2.0 Turbo, Mercedes E 220 D, Opel Vectra V6, Volvo 850 2.5, VW Golf VR6
H	65 €	Alfa 164 3.0, Audi A6 Avant 2.6, BMW 525 TDS, Honda Prelude 2.2, Mazda Xedos 9 2.5, Mercedes E 300 D, SLK 230, Opel Calibra Turbo 4x4, Renault Laguna GR V6 3.0, Toyota Carnry V6, Volvo 850 TDI
J	79 €	Audi A8 2.8 E, Mercedes E 320 D, S 280, Porsche Boxster, Rover 825
K	91 €	Audi A8 Quattro, BMW M3, 740i, Jaguar XJ 6 4.0, Lexus LS 400, Mercedes S 300 TD, SL 280, Rover Range Rover 4.6, Toyota Supra 3.0 Turbo
L	99 €	BMW 750, 850i, Jaguar XJS 12 6.0, Mercedes S 600, SL 600, Porsche 911 Carrera

Quelle: Eurotax-Schwacke-Schadenpraxis; Methode Prof. Dr. Max Danner und
Dr. Gerhard Küppersbusch

Vermögensschäden

Diese Schäden treten dann ein, wenn auch tatsächlich ein nach § 823 BGB geschütztes Rechtsgut verletzt wird. Häufig besteht aber in Bezug auf § 11 AKB für diesen Vermögensschaden kein Versicherungsschutz, sodass ersatzpflichtige Vermögensschäden sehr selten sind.

Viele Geschädigte machen für die Bearbeitungszeit (z. B. Ausfüllen des Geschädigtenfragebogens usw.) einen Zeitaufwand von ca. 3 Std. à 10,00 € geltend. Nach ständiger Rechtsprechung stellt der praktisch mit jedem Schadenfall verbundene Zeitaufwand für dessen Abwicklung keinen erstattungsfähigen Vermögensschaden dar. Dies gilt für Privatleute wie auch für den geschäftlichen Bereich. So entschied das OLG Hamm (28. 1. 1975 – 9 U 171/74), dass Kosten der allgemeinen Verwaltung grundsätzlich von dem Geschädigten selbst getragen werden müssen. Die Feststellung der Ursache und die Abwicklung des Schadenfalls gehört zum Pflichtenkreis des Geschädigten.

Haftungshöhe

Im Rahmen der Verschuldenshaftung ist die Höhe des Schadenersatzes nicht begrenzt; d. h., der Verursacher haftet in unbegrenzter Höhe. Der KH-Versicherer gewährt jedoch nur Versicherungsschutz bis zur vereinbarten Höhe (Versicherungssumme). Wenn der Geschädigte den Schaden mitverursacht hat, ist nach § 254 BGB seine Mithaftung entsprechend zu berücksichtigen bzw. seine Ansprüche werden um die Mithaftungsanteile gekürzt.

3.3 Grundlagen der Gefährdungshaftung

▶ Situation

Die beste Freundin Ihrer Kundin ruft aufgeregt an und erzählt, dass sie für einen Schaden haftbar gemacht wurde, obwohl sie sich keiner Schuld bewusst ist. Frau Daubert kann dies nicht glauben, denn alles muss ja seine Richtigkeit haben, und erwartet von Ihnen dazu eine Stellungnahme.

Betrieb

Auch Kraftfahrer, die in jeder Hinsicht fehlerfrei und rücksichtsvoll fahren, müssen bei Unfällen oft haften, obwohl ein Verschulden nicht erkennbar ist. Hier liegt der Gedanke zugrunde, dass von Kraftfahrzeugen generell eine (Betriebs-)Gefahr ausgeht, unabhängig vom Verhalten des Fahrers.

LF
2

LF
11

LF
15

§ 7 StVG

> Wird bei dem Betrieb eines Kraftfahrzeugs oder eines Anhängers, der dazu bestimmt ist, von einem Kraftfahrzeug mitgeführt zu werden, ein Mensch getötet, der Körper oder die Gesundheit eines Menschen verletzt oder eine Sache beschädigt, so ist der Halter des Fahrzeugs verpflichtet, dem Verletzten den daraus entstandenen Schaden zu ersetzen.

Hier gibt es viele Grenzfälle. Grundsätzlich kann man davon ausgehen, dass ein Fahrzeug in Betrieb ist,

- wenn der Motor noch läuft (auch im Zusammenhang mit der Vorbereitung oder Beendigung einer Fahrt), oder
- wenn das Fahrzeug noch nicht endgültig abgestellt ist und sich noch so im Verkehrsraum befindet, dass es eine typische Gefahr z. B. als Hindernis darstellt.

▶ Beispiel

Herr Fischer findet keinen Parkplatz. Damit er seinen Termin noch pünktlich wahrnehmen kann, stellt er sein Kfz verbotswidrig auf der Fahrbahn im eingeschränkten Halteverbot ab. Später will ein Kind die Fahrbahn überqueren und sieht aufgrund des verbotswidrig abgestellten Fahrzeugs den heranhenden Verkehr nicht. Es wird von einem Pkw erfasst und verletzt. Der Fahrer konnte infolge des Sichthindernisses nicht mehr rechtzeitig anhalten. Da das Halteverbot auch dem Schutz der die Fahrbahn überquerenden Fußgänger dient, haftet auch Herr Fischer für die entstandene Körperverletzung des Kindes.

Anhänger

Durch die Neufassung des § 7 StVG zum 1.8.2002 wird eine gesamtschuldnerische Haftung des ziehenden Kraftfahrzeugs und des Anhängers begründet, unabhängig davon, ob für den angehängten Anhänger eine Zulassungspflicht besteht. Praktisch relevant ist diese Neuregelung beispielsweise, wenn das Kennzeichen des ziehenden Kraftfahrzeugs nach einem Unfall nicht ermittelt werden kann, aber das des Anhängers notiert werden konnte. Die Schadenersatzansprüche können dann beim Halter des Anhängers geltend gemacht werden.

Darüber hinaus ist der Halter eines Anhängers auch verantwortlich für sich während der Fahrt lösende oder auch für abgestellte Anhänger. Von dieser Regelung werden alle Anhänger erfasst, die dazu bestimmt sind, von Kraftfahrzeugen mitgeführt zu werden, unabhängig von einer Zulassungspflicht.

LF
2

LF
11

LF
15

Haftungshöhe und Schadenersatzleistungen

Wenn der Geschädigte den Schaden mitverursacht hat, ist nach den §§ 9 und 17 StVG seine Mithaftung entsprechend zu berücksichtigen bzw. seine Ansprüche werden um die Mithaftungsanteile gekürzt. Die Haftung des Verursachers ist der Höhe nach wie folgt begrenzt:

Haftungsgrenzen bei Personen-/Personenfolgeschäden

Im Rahmen der Gefährdungshaftung ist der Schadenersatzanspruch des Geschädigten wie folgt begrenzt:

Personenschäden bei Verletzung oder Tötung

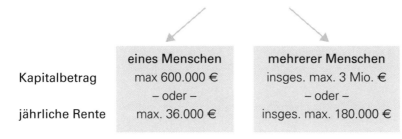

	eines Menschen	mehrerer Menschen
Kapitalbetrag	max 600.000 €	insges. max. 3 Mio. €
	– oder –	– oder –
jährliche Rente	max. 36.000 €	insges. max. 180.000 €

Sach-/Sachfolgeschäden

Im Schadenfall ist der Anspruch auf Schadenersatz auf den Betrag von insgesamt 300.000 € begrenzt.

3.4 Ausnahmen von der Gefährdungshaftung

Befreiungsmöglichkeiten von der Gefährdungshaftung

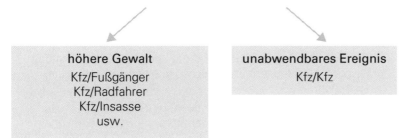

höhere Gewalt	unabwendbares Ereignis
Kfz/Fußgänger	Kfz/Kfz
Kfz/Radfahrer	
Kfz/Insasse	
usw.	

Höhere Gewalt – Opferschutz für nichtmotorisierte Verkehrsteilnehmer

„Die Ersatzpflicht ist ausgeschlossen, wenn der Unfall durch höhere Gewalt verursacht wird."

§ 7 (2) StVG

Bestreitet der Halter eine Haftung, muss er grundsätzlich beweisen, dass der Unfall durch höhere Gewalt verursacht wurde.

Die von der Rechtsprechung entwickelte Begriffsbestimmung lautet:

Höhere Gewalt ist ein

- betriebsfremdes,
- von außen
- durch elementare Naturkräfte – oder – durch Handlungen dritter Personen

herbeigeführtes Ereignis.

Dieses Ereignis muss nach menschlicher Einsicht und Erfahrung

- unvorhersehbar und unabwendbar

sein und mit wirtschaftlich erträglichen Mitteln nicht verhütet werden können. Es muss selten und ungewöhnlich sein, so dass es Ausnahmecharakter hat.

▶ Beispiele für „höhere Gewalt"

- Durch einen Bergrutsch wird der Pkw des Versicherungsnehmers auf die Gegenfahrbahn geschoben und beschädigt einen ankommenden Lkw.

- Jugendliche werfen Steine von der Autobahnbrücke. Ein Stein durchschlägt die Frontscheibe des Pkw des Versicherungsnehmers und verletzt den auf dem Beifahrersitz sitzenden Bekannten des Versicherungsnehmers.

- Bei einem Sabotageakt durch Dritte wird am Pkw des Versicherungsnehmers eine Bombe angebracht, die beim Anlassen des Fahrzeugs explodiert. Dabei werden die Insassen des Pkw des Versicherungsnehmers schwer verletzt.

▶ Keine „höhere Gewalt" in folgenden Fällen

- Der Versicherungsnehmer gerät mit seinem PKW auf einer Ölspur ins Schleudern und beschädigt einen parkenden Lieferwagen.

- Durch plötzlich auftretendes Glatteis (Blitzeis) gerät das Fahrzeug des Versicherungsnehmers ins Schleudern und beschädigt mehrere Fahrzeuge.

Soweit der Versicherungsnehmer als Kfz-Halter den Nachweis der „höheren Gewalt" als Schadenursache nicht erbringen kann, ist eine Haftung zu seinen Lasten grundsätzlich gegeben. Dieses trifft dann zu, wenn der Geschädigte (Anspruchsteller) als Fußgänger, Radfahrer oder als sonstiger nicht motorisierter Verkehrsteilnehmer am Unfall beteiligt war. Sofern ein Mitverschulden durch das Verhalten des Geschädigten nachweisbar ist, wird dieses für den Versicherungsnehmer haftungsmindernd berücksichtigt. Die Ansprüche des Geschädigten werden dann um seinen Mithaftungsanteil gekürzt.

§ 9 StVG
§ 254 BGB

LF 2

LF 11

Unabwendbares Ereignis – Opferschutz für motorisierte Verkehrsteilnehmer

LF 15

„Die Verpflichtung zum Schadenersatz nach § 17 Abs. 1 und 2 StVG ist ausgeschlossen, wenn der Unfall durch ein ‚unabwendbares Ereignis' verursacht wird, das weder auf einem Fehler in der Beschaffenheit des Fahrzeugs, noch auf einem Versagen seiner Vorrichtung beruht. Als unabwendbar gilt ein Ereignis nur dann, wenn sowohl der Halter als auch der Führer des Fahrzeugs jede nach den Umständen des Falles gebotene Sorgfalt beobachtet hat. Der Ausschluss gilt auch für die Ersatzpflicht gegenüber dem Eigentümer eines Kraftfahrzeugs, der nicht Halter ist."

§ 17 (3) StVG

Danach ist ein Unfall unabwendbar, wenn er nicht auf einem technischen Versagen des Kraftfahrzeugs beruht und wenn der Kfz-Führer jede nach den Umständen gebotene Sorgfalt angewandt hat.

Das Verhalten des Fahrers zum Schadenzeitpunkt muss dem eines Idealfahrers entsprechen, der mit größter Sorgfalt, Aufmerksamkeit, Geistesgegenwart und entsprechender Umsicht den Unfall nicht hätte verhindern können. Die ständige Rechtsprechung bezieht sich dabei nicht auf die praktische Unabwendbarkeit, sondern auf die juristische, mit der Folge, dass ein Kraftfahrer selbst bei Einhaltung der Geschwindigkeitsbegrenzung u. U. den Unabwendbarkeitsbeweis nicht erbringen kann. Bei einem Idealfahrer wird die größtmögliche Sorgfalt erwartet, die über die nach § 276 BGB zu beachtende „im Verkehr erforderliche Sorgfalt" weit hinausgeht.

Der Unabwendbarkeitsbeweis ist im Straßenverkehr sehr selten erbracht und nur dadurch zu erreichen, dass jeder Kraftfahrer viel langsamer fährt, als erlaubt ist und in Zweifelsfällen abbremst und stehen bleibt.

▶ Beispiele für „unabwendbares Ereignis"

▪ Der Versicherungsnehmer hält seinen PKW verkehrsbedingt vor einer roten Ampel an. Vor ihm steht ein Fahrzeug (PKW A). Der nachfolgende PKW-Fahrer (B) erkennt die Situation zu spät und fährt auf das Fahrzeug des Versicherungsnehmers. Dabei wird der Versicherungsnehmer mit seinem PKW nach vorn auf das Fahrzeug A aufgeschoben.

Der Geschädigte A kann seine Ansprüche **nicht** gegenüber dem Versicherungsnehmer geltend machen, da der Unfall für den Versicherungsnehmer unabwendbar im Sinne der Rechtsprechung war. Er kann lediglich beim Verursacher B seine Ansprüche geltend machen.

- Der Versicherungsnehmer befährt mit seinem Pkw eine Straße und schleudert dabei einen kleinen Stein von der Straße gegen die Frontscheibe des nachfolgenden Pkw. Dieser Schadenfall ist nach ständiger Rechtsprechung für den Versicherungsnehmer unabwendbar gewesen.

▶ Kein „unabwendbares Ereignis" in folgenden Fällen

- Während der Fahrt platzt plötzlich und unvorhersehbar ein Reifen am Fahrzeug des Versicherungsnehmers. Das Fahrzeug gerät ins Schleudern und beschädigt einen entgegenkommenden Pkw.

- Plötzlich und unvorhersehbar lässt die Bremswirkung des Pkw des Versicherungsnehmers nach, mit der Folge, dass dieser auf einen stehenden Pkw auffährt.

Ausschluss von der Gefährdungshaftung

Kraftfahrzeuge bis 20 km/h	befördere Sachen durch Kraftfahrzeuge oder Anhänger

Kraftfahrzeuge bis 20 km/h

§ 8 (1) StVG

„Die Vorschriften des § 7 StVG gelten nicht, wenn der Unfall durch ein Kraftfahrzeug verursacht wurde, das auf ebener Bahn mit keiner höheren Geschwindigkeit als zwanzig Kilometer in der Stunde fahren kann, oder durch einen im Unfallzeitpunkt mit einem solchen Fahrzeug verbundenen Anhänger."

▶ **Erläuterung**

Die Gefährdungshaftung gilt nicht für die vorgenannten Fahrzeuge, da
von ihnen keine große Gefahr ausgeht. In diesen Fällen bleibt dem Geschädigten aber noch die Möglichkeit, die Voraussetzungen der Verschuldenshaftung nachzuweisen.

Beförderte Sachen durch Kraftfahrzeuge oder Anhänger

„Die Vorschriften des § 7 StVG gelten nicht, wenn eine Sache beschädigt worden ist, die durch das Kraftfahrzeug oder durch den Anhänger befördert worden ist, es sei denn, dass eine beförderte Person die Sache an sich trägt oder mit sich führt."

§ 8 (3) StVG

▶ **Erläuterung**

Der Geschädigte, dessen Sachen (z. B. Hausrat beim Umzug) vom Ver-
sicherungsnehmer mit dem Kfz oder Anhänger befördert und bei einem
Unfall beschädigt werden, hat für diesen Schaden im Rahmen der
Gefährdungshaftung keinen Schadenersatzanspruch gegenüber dem
Versicherungsnehmer.

Ist der Schaden durch ein Verschulden des Versicherungsnehmers eingetreten, gelten grundsätzlich die Bestimmungen der Verschuldenshaftung (BGB). Soweit eine Gefälligkeitsleistung des Versicherungsnehmers vorliegt, ist nach ständiger Rechtsprechung eine Haftung nicht
gegeben.

§ 5 Abs. 3 PflVG

Unabhängig von der Haftungsfrage ist der Versicherungsschutz für
beförderte Sachen in § 11 (4.) AKB ausgeschlossen. In diesen Fällen besteht weder eine Anspruchsgrundlage, noch ist eine Deckung gegeben.
Lediglich für die Beschädigung oder Zerstörung der vom Geschädigten
mitgeführten Sachen, wie beispielsweise Handtasche, Einkaufskorb
usw. hat der Geschädigte einen Schadenersatzanspruch.

Änderungen in der Gefährdungshaftung

§ 4 Abs. 2 PflVG

Haftungsanspruch der Insassen	Anspruch auf Schmerzensgeld

Neben den bereits behandelten Änderungen zum 1.8.2002 gehört auch
die Möglichkeit des Insassen eines Kfz, den Halter auf Schadenersatz in

§ 8a StVG

Anspruch zu nehmen. Dies gilt auch, wenn der Fahrer am Unfall unverschuldet beteiligt war.

§ 11 StVG
Darüber hinaus besteht nun auch ein Schmerzensgeldanspruch des Geschädigten im Rahmen der Gefährdungshaftung.

3.5 Gesamtschuldnerische Haftung

Oft sind an einem Schadenfall mehrere Fahrzeuge beteiligt. Keiner weiß dann, wer in welcher Höhe für den Schaden aufkommen muss.

▶ Situation

Herr Fischer stößt auf gerader Strecke mit dem entgegenkommenden Pkw des Herrn Schäfer zusammen. Es lässt sich nicht klären, wer die Fahrbahnmitte überfahren hat. Außer den am Unfall beteiligten Fahrern befindet sich im Fahrzeug Fischer noch die Insassin Müller, die verletzt wurde und deshalb Schmerzensgeld fordert.

Kann Frau Müller Schmerzensgeldansprüche stellen bzw. welcher Versicherer ist zuständig?

▶ Erläuterung

§ 830 BGB
Lässt sich nicht mehr ermitteln, wer von ihnen der Verursacher ist, haften beide Kfz-Fahrer gemeinschaftlich bzw. gesamtschuldnerisch für die Verletzung der Frau Müller. Der Gesetzgeber unterstellt in diesen Fällen, dass alle nach der Verschuldenshaftung haftbar gemacht werden können, da zumindest ein Beteiligter oder beide den Schaden durch Verschulden verursacht haben.

Die Insassin Frau Müller kann ihre Schmerzensgeldansprüche beim Halter des Kfz Fischer oder des Kfz Schäfer geltend machen. Beide Halter haften im Rahmen der Gefährdungshaftung.

Der Ausschluss „höhere Gewalt" kann gegenüber der Insassin Müller nicht bewiesen werden bzw. die Voraussetzungen für den Ausschluss sind nicht gegeben.

§ 8a StVG
Darüber hinaus haften beide Kfz-Fahrer gegenüber der Insassin gesamtschuldnerisch nach dem Inhalt des § 830 BGB, mit der Folge, dass Frau Müller ihre Ansprüche auch aufgrund der Verschuldenshaftung (unbegrenzt) geltend machen kann.

3.6 Haftungsverteilung

Wenn im Schadenfall die alleinige Haftung des Verursachers nicht gegeben ist, erfolgt unter Berücksichtigung der Mithaftung nach § 17 StVG bzw. § 254 BGB eine Aufteilung der Haftungsanteile. Die Beteiligten können ihren Schaden dann nicht in voller Höhe geltend machen. Ihr Anspruch wird dann um die eigene Mithaftungsquote gekürzt.

Aktuelle Unfälle aus der Praxis

Linksabbieger und Überholer

Wenn ein auf der Straße fahrendes Fahrzeug nach links abbiegen will und dabei mit einem von hinten überholenden Fahrzeug kollidiert, haben beide Fahrer eine Mitschuld am Unfall. Die Aufteilung der Haftungsquote ist u. a. davon abhängig, ob der Unfallort außerhalb oder innerhalb geschlossener Ortschaften liegt.

§ 5 StVO
§ 9 StVO

Innerhalb geschlossener Ortschaften steht eine defensive Fahrweise im Vordergrund mit der Folge, dass eine höhere Haftung zulasten des Überholenden berücksichtigt wird. In der Regel wird die Haftung des Linksabbiegenden etwa ⅓ und die Haftung des Überholers etwa ⅔ betragen.

Außerhalb geschlossener Ortschaften geht die Haftungsverteilung zulasten des Linksabbiegenden, da dem Verkehrsfluss höhere Priorität zukommt, die vom Abbiegenden gefährdet wird. Die Haftung des Überholers beträgt etwa ⅓, die des Linksabbiegers etwa ⅔.

Abbremsen wegen eines Kleintieres

Beim Abbremsen wegen eines auf die Fahrbahn laufenden Kleintieres (Katze, Igel, Ente usw.) wird in der Rechtsprechung teilweise kein ausreichender Grund für ein Abbremsen gesehen und dem Erstfahrzeug eine Mithaftung von etwa 25 % angelastet, wenn ein nachfolgendes Fahrzeug (75 % Haftung) auffährt.

§ 4 StVO
§ 17 StVG

Danach wird der Fahrzeugschaden des Abbremsenden von beispielsweise 1.000 € vom Auffahrenden zu 75 % (750 €) erstattet. Der Schaden am Fahrzeug des Auffahrenden von z. B. 2.000 € wird zu 25 % (500 €) ersetzt.

Auffahrunfall

Bei einem Auffahrunfall mit mehreren Beteiligten wird in der Regel eine Haftungsteilung vorgenommen. Darüber hinaus sind Front- und Heckschaden differenziert zu betrachten.

§ 17 StVG
§ 4 StVO

▶ Beispiel

Auf ein verkehrsbedingt haltendes Fahrzeug (A) fährt ein nachfolgendes Kfz (B) auf. Anschließend fährt ein weiteres Fahrzeug (C) auf B auf und schiebt dieses erneut auf A.

Wie erfolgt die Haftungsverteilung?

Lösung

Eigentümer A kann seinen gesamten Schaden beim auffahrenden B geltend machen. B muss den selbst verursachten
Frontschaden allein tragen. Der Heckschaden von B wird vom
ebenfalls auffahrenden C zu 75 % erstattet. Eine Mithaftung
von etwa 25 % muss sich B anrechnen lassen, da er durch
sein Auffahren den Bremsweg des nachfolgenden C verkürzt
und somit zum weiteren Auffahrunfall beigetragen hat.

3.7 Massenauffahrunfall

Zuständigkeit

Die Betroffenen müssen ihre Schadenersatzansprüche gegenüber dem
GDV geltend machen. Bewiesen werden muss lediglich, dass die Schäden tatsächlich eingetreten sind. Eine gesamtschuldnerische Haftung
aller Beteiligten wird unterstellt. Geprüft wird nur, ob ein Mitverschulden (z. B. Sicherheitsgurt nicht angelegt, Frontschaden am Pkw selbst
durch Auffahren verursacht usw.) vorliegt.

Regulierung und Aufteilung

Mit der Regulierung beauftragt der GDV einige Versicherungsunternehmen, die anschließend die Entschädigungszahlung auf alle beteiligten
Versicherer umlegen, und zwar je nach Anzahl der bei ihnen versicherten und am Unfall beteiligten Fahrzeuge.

Voraussetzung

Ein Massenunfall liegt grundsätzlich dann vor, wenn mehr als 50 Kraftfahrzeuge am Unfall beteiligt sind. Dieses Verfahren kann auch ab 20
beteiligten Fahrzeugen angewandt werden, wenn der Unfall nicht oder
nur unter großen Schwierigkeiten aufgeklärt werden kann.

Vorteile bei anerkannten Massenunfällen

Eine Kommission des GDV entscheidet, ob im konkreten Fall ein Massenunfall vorliegt. Die erheblichen Vorteile der Betroffenen sind, dass
sie schnell zu ihrem Geld kommen und der Schadenfreiheitsrabatt im
Haftpflichtbereich nicht beeinträchtigt wird; d. h., es erfolgt keine Rückstufung.

3.8 Versicherungsumfang

▶ **Situation**

Kfz-Pflichtversicherungsgesetz? AKB? Tarifbedingungen? Für Ihre Kundin Frau Daubert sind dies böhmische Dörfer. Wie gut, dass Sie als Experte helfen können. Deshalb bittet sie um Ihre Hilfe und stellt Ihnen Fragen: „Wie lässt sich alles voneinander abgrenzen?" Was ist in meinem Versicherungsvertrag geregelt? Welchen Versicherungsumfang habe ich?"

Frau Daubert bittet Sie darum, ihr einen Überblick zu verschaffen.

Der vom Versicherer angebotene Versicherungsumfang gem. AKB ist weitgehend identisch mit den Forderungen, die nach der KfzPflVV und nach dem PflVG bei zulassungspflichtigen Fahrzeugen zu erfüllen sind.

In der KfzPflVV sind folgende Bereiche gesetzlich geregelt:

§ 1 Räumlicher und zeitlicher Geltungsbereich

§ 2 Sachlicher Deckungsumfang

§ 3 Versicherung von Anhängern

§ 4 Zulässige Ausschlüsse

§ 5 Obliegenheiten vor Eintritt des Versicherungsfalls

§ 6 Obliegenheiten nach Eintritt des Versicherungsfalls

§ 7 Betrügerisches Verhalten

§ 8 Rentenberechnungsgrundlage

§ 9 Vorläufiger Deckungsschutz

§ 10 Änderungen

§ 11 Inkrafttreten

Die Versicherungsunternehmen können weitere Klauseln vereinbaren, soweit diese nicht im Widerspruch zu geltendem Recht und der KfzPflVV stehen.

Versicherte Gefahren und Geltungsbereich

Versichert ist die **Befriedigung** begründeter und die Abwehr unbegründeter Schadenersatzansprüche (Personen-, Sach- und Vermögensschäden), die aufgrund gesetzlicher Bestimmungen privatrechtlichen Inhalts erhoben werden.

§ 2 KfzPflVV
A. 1 AKB 2008

Die KH-Versicherung muss Versicherungsschutz in Europa und in den außereuropäischen Gebieten, die zum Geltungsbereich des Vertrages über die Europäische Wirtschaftsgemeinschaft gehören (Kanarische Inseln, Madeira/Azoren), in der Höhe gewähren, die in dem jeweiligen Land gesetzlich vorgeschrieben ist, mindestens jedoch in der in Deutschland vorgeschriebenen Höhe (Mindestversicherungssummen, siehe PflVG – Anlage zu § 4 Abs. 2).

Die vereinbarten Versicherungssummen sind dabei als Höchstentschädigung je Schadenereignis anzusehen. Bei der „100 Mio. Deckung" sind Sach- und Vermögensschäden pauschal bis 100 Mio. € versichert; Personenschäden jedoch bis beispielsweise 8 Mio. € pro verletzter Person.

Kosten (Prozess- und Anwaltskosten) werden auf die Versicherungssumme nicht angerechnet.

Versicherte Personen

Der **Versicherungsnehmer** ist als Vertragspartner für die Erfüllung von Pflichten (z. B. Obliegenheiten, Beitragszahlung usw.) verantwortlich und kann die Rechte aus dem Versicherungsvertrag (z. B. Anspruch auf Entschädigungsleistung) geltend machen.

Folgende Personen sind mitversichert

§ 2 KfzPflVV
A. 1.2 AKB 2008

- der **Halter**   - der **Eigentümer**   - der **Fahrer**

Zum Schutze des Verkehrsopfers muss der Versicherer auch für Schäden durch den unberechtigten Fahrer (Schwarzfahrer oder Dieb) eintreten. Anschließend kann der Versicherer den unberechtigten Fahrer in Regress nehmen.

Weitere mitversicherte Personen sind

- der **Beifahrer** (beruflich)
- der **Omnibusschaffner**
- der **Arbeitgeber** oder der öffentliche Dienstherr des Versicherungsnehmers, wenn das versicherte Fahrzeug mit Zustimmung des Versicherungsnehmers für dienstliche Zwecke gebraucht wird.

Einige Versicherer haben den Kreis der mitversicherten Personen inzwischen erweitert auf

- berechtigte Insassen,

soweit nicht anderweitig Haftpflichtversicherungsschutz besteht, wenn es sich um ein als Pkw zugelassenes Fahrzeug (private Nutzung) handelt. Diese Insassen haben bei Schadenverursachung (z. B. Öffnen der Beifahrertür und verletzen eines Fußgängers) Versicherungsschutz über die Kfz-Haftpflichtversicherung unter der Voraussetzung, dass für sie keine Privathaftpflichtversicherung besteht.

3.9 Abgrenzung Kraftfahrzeug-Haftpflicht/ Allgemeine Haftpflicht

Die KH-Versicherung leistet Versicherungsschutz, wenn versicherte bzw. mitversicherte Personen durch den Gebrauch oder Betrieb eines Kraftfahrzeugs oder durch den Gebrauch eines Anhängers (zulassungspflichtig) Schäden verursachen.

§ 2 KfzPflVV

LF
2

In der Privat-Haftpflichtversicherung sind Schäden, die Fahrer, Besitzer oder Eigentümer durch den Gebrauch eines Kraftfahrzeugs verursachen, ausgeschlossen (Benzinklausel), damit eine Überschneidung des Versicherungsschutzes vermieden wird.

LF
11

LF
15

Gebrauch

Wenn ein Kfz nicht mehr in „Betrieb" ist, kann es noch in „Gebrauch" sein. Der Begriff „Gebrauch" geht über den Umfang des Fahrzeugbetriebes hinaus.

A. 1.1.1 AKB 2008

Durch den Gebrauch des Fahrzeugs ist ein Schaden nur dann eingetreten, wenn er mit dem versicherten Wagnis, d. h. der typischen vom Gebrauch des Fahrzeugs selbst und unmittelbar ausgehenden Gefahr in adäquatem Ursachenzusammenhang steht. Versicherungsschutz im Rahmen der KH-Versicherung besteht nur für solche Schäden, an deren Entstehung das versicherte Kfz aktuell und unmittelbar zeit- und ortsnah beteiligt ist.

▶ Folgende Beispiele

sind dem Fahrzeuggebrauch zuzuordnen; der Versicherungsnehmer hat Versicherungsschutz im Rahmen der Kraftfahrzeug-Haftpflichtversicherung:

A. 1.1.1 AKB 2008

Schweißarbeiten

Der Versicherungsnehmer führt in der Garage eines Bekannten Schweißarbeiten an seinem Pkw durch. Dabei gerät die Garage in Brand.

Wagenwäsche

Bei der Wagenwäsche mit dem Wasserschlauch wird die Hauswand des Nachbarn beschmutzt und muss neu gestrichen werden.

Be- und Entladen

Der Versicherungsnehmer entnimmt beim Beladen seines Pkw Waren aus einem Einkaufswagen. Dieser rollt dabei gegen einen anderen geparkten Pkw. Hat der Ladevorgang noch nicht begonnen bzw. war dieser bereits beendet, besteht nur noch Versicherungsschutz über die „Allgemeine Haftpflichtversicherung".

Hindernis beiseite schieben

Der Versicherungsnehmer schiebt ein hinter seinem Pkw stehendes Motorrad beiseite, um wegfahren zu können.

Ein- und Aussteigen

Der Versicherungsnehmer öffnet die Tür seines Pkw und übersieht einen vorbeifahrenden Radfahrer.

Für die Zuständigkeit des Kraftfahrzeug-Haftpflichtversicherers ist der Gebrauch des Kfz nur eine Voraussetzung.

Zusätzlich muss der Verursacher im Rahmen des KH-Vertrages als Versicherungsnehmer oder als mitversicherte Person (Fahrer, Halter oder Eigentümer) anzusehen sein.

▶ Beispiel

Herr Boes nimmt auf dem Weg nach Münster einen Bekannten in seinem Pkw mit. In Münster hält er am rechten Fahrbahnrand an und lässt den Bekannten aussteigen. Beim Öffnen der Beifahrertür übersieht dieser einen von hinten auf dem Radweg nahenden Radfahrer, dieser fällt zu Boden und verletzt sich.

Ist der Kraftfahrzeug-Haftpflichtversicherer zuständig, wenn der Beifahrer in Anspruch genommen wird?

Lösung

Nein, da der Bekannte des Versicherungsnehmers keine mitversicherte Person in der Kraftfahrzeug-Haftpflichtversicherung ist. Zuständig ist die Privat-Haftpflichtversicherung des Beifahrers. Besitzt der Beifahrer keine Privathaftpflichtversicherung, hat er nach § 10 (2) g AKB als Insasse Versicherungsschutz.

Gebrauch eines Anhängers

A. 1.1.5 AKB 2008   Ist ein Anhänger am Unfall beteiligt, befasst sich grundsätzlich der Haftpflichtversicherer mit dem Schaden. Wurde der Anhänger dagegen geführt, vom Zugfahrzeug oder per Hand, so ist zusätzlich der Kraftfahrzeug-Haftpflichtversicherer des ziehenden Kfz bzw. die Privathaftpflichtversicherung zuständig.

Durch die Regelung wird bei einem Gespann (Kfz mit Anhänger) letztendlich der Kfz-Versicherer für den Schaden zuständig sein, der durch den Anhänger verursacht wird, wenn dieser mit dem Kfz verbunden ist oder sich während des Gebrauchs löst und sich noch in Bewegung befindet.

▶ Beispiel

Der Versicherungsnehmer fährt mit seinem Pkw und Wohnwagenanhänger über eine Bodenwelle. Dabei löst sich der Anhänger und beschädigt einen auf dem Parkstreifen stehenden
Lieferwagen. In diesem Fall besteht Versicherungsschutz
über den Kraftfahrzeug-Haftpflichtversicherer des ziehenden
Fahrzeugs.

LF
2

LF
11

LF
15

▶ Hinweis

Durch die Änderung des § 7 StVG kann der Geschädigte den PKW-Ver-
sicherer oder den Wohnwagenversicherer in Anspruch nehmen.

Schaubild zur Prüfung der Haftung und des Versicherungsschutzes in der Kfz-Haftpflichtversicherung

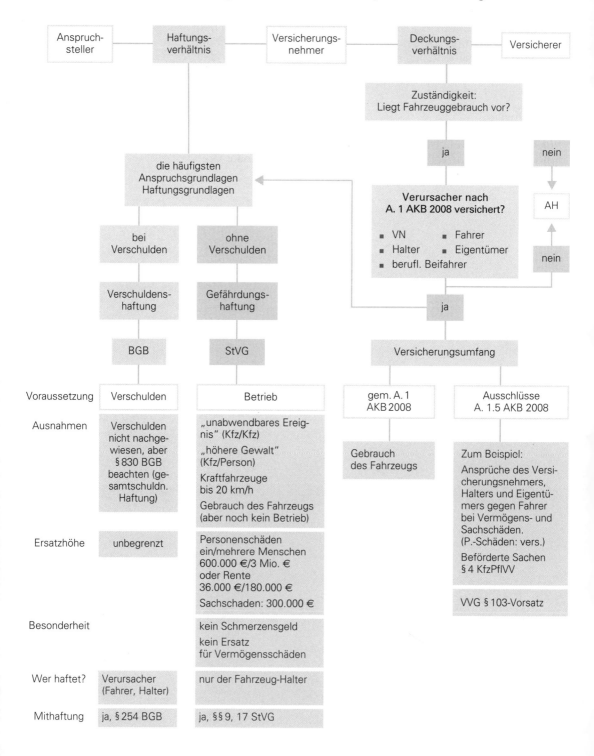

3.10 Einschränkungen des Versicherungsschutzes

▶ **Situation**

Nachdem Sie Ihre Kundin über den Versicherungsumfang informiert haben, ist sie erleichtert und bedankt sich für die gute Beratung.

Dennoch ist sie skeptisch. Zu oft hat sie auch davon gehört, dass Bekannte ihr Geld nicht erhalten haben. Sie will wirklich alles zu ihrer Versicherung wissen und möchte auch über die Fälle informiert werden, die möglicherweise nicht mit versichert sind oder die von der Versicherung abgelehnt werden könnten.

In den Fällen, in denen der Versicherungsschutz eingeschränkt ist, ist der Versicherer dem Versicherungsnehmer bzw. den mitversicherten Personen gegenüber leistungsfrei. Das Verkehrsopfer hat aber, mit wenigen Ausnahmen, dennoch einen Anspruch auf Schadenersatz und wird entschädigt.

Der Versicherungsschutz ist in folgenden Fällen eingeschränkt:

▪ bei Risikoausschlüssen
▪ bei Rechtspflichtverletzungen
▪ bei Obliegenheitsverletzungen

3.10.1 Risikoausschlüsse in der Kraftfahrt-Haftpflicht

> Risikoausschlüsse sind Risikobegrenzungen bzw. Risikoabgrenzungen. Risikoausschlüsse sind Tatbestände, die sich außerhalb der Grenzen des versicherten Umfanges befinden. Der Versicherer ist in diesen Fällen immer leistungsfrei.

In der Kraftfahrzeug-Haftpflichtversicherung sind die Risikoausschlüsse, die ein Versicherer mit seinem Kunden vereinbaren kann, begrenzt und vom Gesetzgeber in § 4 KfzPflVV gesetzlich festgelegt.

Unterteilung der Risikoausschlüsse

| objektive Risikoausschlüsse | subjektive Risikoausschlüsse |

Objektive Risikoausschlüsse

Geltungsbereich

§ 1 KfzPflVV
A. 1.4.1 AKB 2008

Nach den AKB besteht Versicherungsschutz grundsätzlich nur dann, wenn das Kfz in Europa oder in bestimmten außereuropäischen Gebieten benutzt wird. Eine Erweiterung des Geltungsbereichs ist nach Rücksprache mit dem Versicherer u. U. möglich.

Fahrtveranstaltungen (behördlich genehmigte)

§ 4 KfzPflVV
A. 1.5.2 AKB 2008

Behördlich genehmigte Fahrtveranstaltungen sind Rennen, bei denen es auf die Erzielung einer Höchstgeschwindigkeit ankommt. Versicherungsschutz besteht jedoch bei Geschicklichkeitsfahrten oder Orientierungsfahrten. Behördlich **nicht** genehmigte Fahrtveranstaltungen fallen nicht unter Risikoausschluss, sondern sind in der Kraftfahrzeug-Haftpflicht Obliegenheitsverletzungen.

Kernenergie

Schäden durch Kernenergie

Subjektive Risikoausschlüsse

Vorsatz

§ 103 VVG
A. 1.5.1 AKB 2008

Grundsätzlich besteht in der Schadenversicherung nach **§ 81 VVG** kein Versicherungsschutz, wenn der Schaden vorsätzlich oder grob fahrlässig verursacht wird. In der Kraftfahrt-Haftpflichtversicherung beschränkt sich der Ausschluss lediglich auf Schäden, die vorsätzlich verursacht werden.

Ansprüche gegen Fahrer

§ 4 KfzPflVV
A. 1.5.6 AKB 2008

Haftpflichtansprüche des Versicherungsnehmers, Halters oder Eigentümers gegenüber mitversicherten Personen (z. B. Fahrer) sind ausgeschlossen, soweit es sich um Vermögensschäden oder Sachschäden handelt. Der Personenschaden ist dagegen eingeschlossen.

▶ Beispiel

Der Versicherungsnehmer sitzt als Beifahrer in seinem Fahrzeug, das vom Sohn gelenkt wird. Durch Unaufmerksamkeit verursacht der Sohn einen Unfall, bei dem der Versicherungsnehmer verletzt und seine Kleidung sowie seine Armbanduhr beschädigt werden.

In diesem Fall kann der Versicherungsnehmer nur den Personenschaden (Arztkosten, Schmerzensgeld usw.) von seinem Kraftfahrzeug-Haftpflichtversicherer erstattet verlangen.

LF
2

Eigenschäden

LF
11

Der Versicherungsnehmer fährt mit seinem Pkw gegen die eigene   § 100 VVG
Hauswand. Nach ständiger Rechtsprechung liegt auch dann ein nicht
ersatzpflichtiger Eigenschaden vor, wenn der Versicherungsnehmer
sich als Fahrer eines fremden Fahrzeugs selbst schädigt (z. B. Hauswand, eigener Pkw usw.). Nach § 100 VVG soll sich der Schadenverursacher nicht selbst haftpflichtig machen können.

LF
15

Schäden am Fahrzeug

Haftpflichtansprüche wegen Beschädigung, Zerstörung oder Abhanden-   § 4 KfzPflVV
kommen des Fahrzeugs, auf das sich die Versicherung bezieht.   A. 1.5.3 AKB 2008

Ladungsschäden

Haftpflichtansprüche wegen Beschädigung, Zerstörung oder Abhanden-   § 4 Kfz PflVV
kommen der mit dem Fahrzeug beförderten Sachen.   A. 1.5.5 AKB 2008

▶ **Ausnahme**

Die Sachen werden mit Willen des Halters befördert. Gleichzeitig müssen es Sachen sein, die die Personen üblicherweise mit sich führen
oder, sofern die Fahrt überwiegend der Personenbeförderung dient,
müssen es Sachen sein, die als Gegenstände des persönlichen Bedarfs
mitgeführt werden.

3.10.2 Rechtspflichten

Rechtspflichten sind einklagbare Leistungen, auf deren Erfüllung der je-
weilige Vertragspartner einen Rechtsanspruch hat. Dieser Anspruch ist
also notfalls einklagbar bzw. kann gerichtlich geltend gemacht werden.

Der Versicherer hat die Rechtspflicht, Versicherungsschutz zu gewähren bzw. im Schadenfall die versprochene Leistung zu erbringen.

Der Versicherungsnehmer hat die Rechtspflicht, die vereinbarten bzw.
fälligen Beiträge rechtzeitig zu zahlen.

Unterteilung der Rechtspflichten

Erstbeitrag	Folgebeitrag
§ 37 VVG	§ 38 VVG

Erstbeitrag

Besonderheit – Vorläufige Deckung

Wenn die Erstprämie bei Eintritt des Versicherungsfalls noch nicht gezahlt ist, ist der Versicherer leistungsfrei.

B. 2.1 AKB 2008
§ 9 KfzPflVV
§ 37 VVG
C. 3 AKB 2008

Im Kraftfahrzeug-Haftpflichtbereich gilt die Aushändigung der Versicherungsbestätigung als vorläufige Deckungszusage. Danach hat der Versicherungsnehmer ab sofort bzw. ab Zulassungstag Versicherungsschutz. Die vorläufige Deckung tritt erst dann rückwirkend außer Kraft, wenn der Erstbeitrag nicht innerhalb von 14 Tagen nach Zugang des Versicherungsscheins gezahlt wurde und der Versicherungsnehmer die Verspätung zu vertreten hat.

Aufgrund der Regelung in § 8 VVG (Widerspruchsrecht des Versicherungsnehmers) gilt der endgültige Kfz-Vertrag (nicht die vorläufige Deckung) als abgeschlossen, wenn der Versicherungsnehmer nicht innerhalb von 14 Tagen nach Überlassung des Versicherungsscheines und der Verbraucherinformation schriftlich widerspricht. Die bisher gültige Einlösungsfrist gem. C. 3 AKB 2008 (14 Tage) wird dadurch um weitere 14 Tage verlängert.

▶ Beispiel Erstbeitrag gem. § 37 VVG

▶ Beispiel

Der Versicherungsnehmer Fischer beantragt sofortigen Versicherungsschutz für seinen neuen Pkw. Er erhält nach Abschluss der Kfz-Versicherung (1.1.) den Versicherungsschein am 1.3. mit der Aufforderung, den Erstbeitrag innerhalb von 14 Tagen zu zahlen, zugesandt.

LF
2

LF
11

LF
15

Fall A

Herr Fischer verursacht am 1.2. einen Kraftfahrzeug-Haftpflicht-schaden.

Hat der Versicherungsnehmer am Schadentag Versicherungs-schutz?

Fall B

Der Versicherungsnehmer verursacht am 12.3. einen Scha-den. Die Erstprämie ist bis zum Schadentag noch nicht be-zahlt.

Hat der Versicherungsnehmer Versicherungsschutz?

Lösung zu Fall A und B

Versicherungsschutz besteht im Rahmen der vorläufigen De-ckung unter der Voraussetzung, dass der Versicherungsneh-mer die Zahlung des Erstbeitrags bis zum 29.3. veranlasst. Sofern das nicht geschieht, fällt der Versicherungsschutz rück-wirkend ab Beginn wieder fort.

Folgebeitrag

▶ Beispiel

Der Versicherungsnehmer Kaiser erhält zum 1.1. eine Rech-nung über den Folgebeitrag (1.1. bis 1.7.) zu seiner Kraftfahr-zeug-Haftpflichtversicherung. Er legt diese beiseite und ver-gisst die Veranlassung der Zahlung. Am 1.2. bekommt er die qualifizierte Mahnung (QM). Die Kündigung wird am 1.3. zuge-stellt.

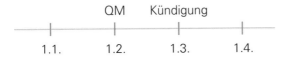

Fall A

Herr Kaiser verursacht am 12.2. einen Kraftfahrzeug-Haft-pflichtschaden. Die Folgeprämie hat er noch nicht gezahlt.

Hat der Versicherungsnehmer Versicherungsschutz?

Fall B

Der Versicherungsnehmer Kaiser verursacht am 28.2. einen Kraftfahrzeug-Haftpflichtschaden. Die Folgeprämie hat er so-fort nach dem Unfall überwiesen.

Hat der Versicherungsnehmer Versicherungsschutz?

Fall C

Herr Kaiser verursacht am 30.3. einen Kraftfahrzeug-Haftpflichtschaden. Die Folgeprämie hat er am 27.3. an den Versicherer überwiesen. Hat der Versicherungsnehmer Versicherungsschutz?

Lösung zu Fall A

Versicherungsschutz besteht, da die Folgen der qualifizierten Mahnung noch nicht wirksam geworden sind.

Lösung zu Fall B

Die Folgen der Mahnung sind wirksam geworden. Zum Schadenzeitpunkt war die Folgeprämie noch nicht gezahlt. Der Versicherungsnehmer hat keinen Versicherungsschutz.

Lösung zu Fall C

Die Kündigung ist wirksam geworden. Der Versicherungsnehmer hat aber die Möglichkeit, den Versicherungsschutz wieder herzustellen, wenn er innerhalb eines Monats nach Kündigung die Zahlung nachholt und bis zur Zahlung noch kein Schaden eingetreten ist. Der Versicherungsnehmer hat in diesem Fall Versicherungsschutz.

3.10.3 Obliegenheiten

Obliegenheiten sind Verhaltensweisen, die vom Versicherungsnehmer (im Kraftfahrzeug-Haftpflichtbereich auch von den mitversicherten Personen) zur Aufrechterhaltung des Versicherungsschutzes erfüllt werden müssen. Wird eine Obliegenheit schuldhaft verletzt, entfällt der Versicherungsschutz.

Obliegenheiten sind auf ein Tun oder Unterlassen gerichtet. Sie sind nicht einklagbar. Der Versicherer hat auf die Erfüllung von Obliegenheiten keinen Rechtsanspruch, aber wenn der Versicherungsnehmer oder eine mitversicherte Person eine geforderte Verhaltensweise nicht erfüllt, ist der Versicherer dem Versicherungsnehmer bzw. den mitversicherten Personen gegenüber leistungsfrei. Der Versicherer muss, falls er Obliegenheiten im Kfz-Vertrag einbringt, auch die Rechtsfolgen nennen, da die Obliegenheiten sonst unwirksam sind.

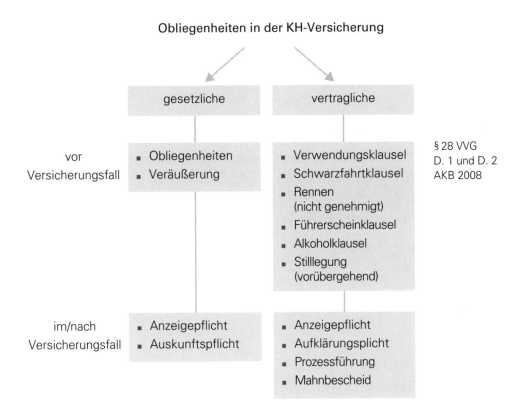

§ 28 VVG
D. 1 und D. 2
AKB 2008

Gesetzliche Obliegenheiten vor dem Versicherungsfall

Gefahrerhöhung

Nach Abschluss des Vertrages darf der Versicherungsnehmer eine Erhöhung der Gefahr nicht vornehmen oder vornehmen lassen.

Unter Gefahrerhöhung versteht man solche Gefährdungsvorgänge, die einen neuen Zustand erhöhter Gefahr schaffen. Diese Zustände müssen mindestens von solcher Dauer sein, dass sie generell geeignet sind, den Eintritt des Versicherungsfalles zu fördern.

▶ Beispiele

■ Die Profiltiefe der Reifen darf nicht weniger als 1,6 mm betragen. Die Bremsanlage des Lkw muss ständig überprüft werden und funktionsbereit sein. Die Benutzung eines Kfz, dessen technischer Zustand nicht den gesetzlichen Bestimmungen entspricht, stellt immer eine Gefahrerhöhung dar,

§ 23 VVG

auch wenn die Betriebsuntauglichkeit auf Abnutzung beruht (abgenutzte Teile können erneuert werden).

- Der Versicherungsnehmer fährt ständig ohne Brille, obwohl das Benutzen einer Sehhilfe im Führerschein vermerkt ist. Der Lkw des Versicherungsnehmers ist bei Transporten regelmäßig überladen.

Voraussetzungen für die Leistungsfreiheit des Versicherers

Allein die Tatsache, dass Obliegenheiten im Schadenfall verletzt werden, ist für die Leistungsfreiheit des Versicherers noch nicht ausreichend.

§ 26 VVG

Voraussetzungen bei gesetzlichen **Obliegenheitsverletzungen vor dem Versicherungsfall**

Verschulden ← und → Kausalität

Verschulden (ab einfache Fahrlässigkeit)

Die Verletzung der Obliegenheit muss auf eine schuldhafte Handlung (Tun oder Unterlassen) des Versicherungsnehmers beruhen. Das setzt voraus, dass dem Versicherungsnehmer die Obliegenheit bekannt war bzw. bei entsprechender Aufmerksamkeit bekannt gewesen sein musste.

Kausalität

Die Obliegenheitsverletzung muss Einfluss auf den Eintritt des Versicherungsfalls oder auf den Umfang der Versicherungsleistung gehabt haben.

▶ Beispiel

Nach einem vom Versicherungsnehmer durch Unaufmerksamkeit verursachten Auffahrunfall stellt die Polizei fest, dass die Reifen weniger als 1,6 mm Profiltiefe aufweisen. Da die Abnutzung der Reifen nicht plötzlich erfolgt, liegt durch das nicht rechtzeitige Erneuern der Reifen ein Verschulden (Unterlassen) des Versicherungsnehmers vor. Eine Gefahrerhöhung ist zwar gegeben, da das Fahrzeug betriebsuntauglich ist. Diese Gefahrerhöhung wirkt sich bei trockenen Straßenverhältnissen jedoch nicht negativ aus, da Reifen ohne Profil in diesem

Fall nicht schlechter haften als Reifen mit Profil. Hier sind also die Reifen ohne Profil nicht als ursächlich bzw. kausal für den Eintritt des Schadens oder den Umfang der Versicherungsleistung anzusehen. Der Versicherungsnehmer hat Versicherungsschutz.

Veräußerung

Wird das Fahrzeug veräußert, muss der Versicherungsnehmer dieses dem Versicherer unverzüglich mitteilen. Diese Obliegenheit ist zwar in den AKB aufgeführt, aber vom Rechtscharakter keine vertragliche, sondern eine gesetzliche Obliegenheit. Das VVG findet somit keine Anwendung, da sich dieser Paragraf nur auf solche Obliegenheiten bezieht, bei denen auch die Leistungsfreiheit im Vertrag (AKB) geregelt ist. Die Grundlage für die Auslegung dieser Obliegenheitsverletzung ist daher das VVG.

G. 7.4 AKB 2008

Vertragliche Obliegenheiten vor dem Versicherungsfall

Verwendungsklausel

Wenn der Versicherungsnehmer das Fahrzeug zu einem anderen als im Antrag bzw. Versicherungsschein aufgeführten Zweck verwendet, hat er keinen Versicherungsschutz.

§ 5 Abs. 1 KfzPflVV

D. 1.1 AKB 2008

In diesen Fällen wird die Kausalität immer als gegeben angesehen.

▶ Beispiele

Der private Pkw darf nicht als Taxi eingesetzt werden. Das als landwirtschaftliche Zugmaschine versicherte Kfz darf nicht als Arbeitsgerät beim Bau eines Wohnhauses benutzt werden, da ein landwirtschaftlicher Zweck, wie bei der Erstellung einer Scheune oder der Bestellung des Ackers, nicht mehr vorliegt. Die landwirtschaftliche Zugmaschine darf nicht ohne Rücksprache mit dem Versicherer im Rahmen von Festumzügen (z. B. Schützenfest, Rosenmontagsumzüge usw.) eingesetzt werden.

Unberechtigter Fahrer (Schwarzfahrtklausel)

Wenn der Fahrer ohne Erlaubnis des Versicherungsnehmers das Fahrzeug benutzt, liegt eine Schwarzfahrt vor. Der Fahrer hat dann keinen Versicherungsschutz. Der Versicherungsschutz bleibt aber gegenüber den anderen versicherten bzw. mitversicherten Personen bestehen, wenn diese die Obliegenheitsverletzung nicht begangen oder schuldhaft ermöglicht haben.

§ 5 (1) KfzPflVV

D. 1.3 AKB 2008

LF 2

LF 11

LF 15

Fahrtveranstaltungen (nicht genehmigte)

§ 5 (1) KfzPflVV
D. 2.2 AKB 2008

Im Gegensatz zu behördlich genehmigten Fahrtveranstaltungen liegt bei nicht genehmigten Fahrtveranstaltungen eine Obliegenheitsverletzung vor, mit der Folge, dass hier ein Direktanspruch des Geschädigten gegeben ist.

Führerscheinklausel

§ 5 (1) KfzPflVV
D. 1.4 AKB 2008

Wenn der Fahrer das Fahrzeug auf öffentlichen Wegen und Plätzen ohne die erforderliche Fahrerlaubnis bewegt, hat er im Schadenfall keinen Versicherungsschutz. Wenn der Versicherungsnehmer das Kfz einem Fahrer überlässt, ohne zu prüfen, ob die entsprechende Fahrerlaubnis vorliegt, hat auch er keinen Versicherungsschutz.

Alkohol- und Rauschmittelklausel

§ 5 (1) KfzPflVV
D. 2.1 AKB 2008

Der Versicherungsnehmer darf das Kfz nicht fahren oder fahren lassen, wenn er bzw. der Fahrer infolge des Genusses alkoholischer Getränke oder anderer berauschender Mittel nicht in der Lage ist, das Fahrzeug sicher zu führen. Nach der Rechtsprechung, die sich an § 316 StGB orientiert, ist das der Fall, wenn 1,1 ‰ oder mehr vorliegen.

Vorübergehende Stilllegung

H. 1.7 AKB 2008

Wird das Fahrzeug vorübergehend aus dem Verkehr gezogen und der Versicherungsvertrag unterbrochen, hat der Versicherungsnehmer auch weiterhin im Rahmen der bisher bestehenden Kraftfahrt-Haftpflichtversicherung im Schadenfall Versicherungsschutz, wenn er das Fahrzeug nicht außerhalb des Einstellraumes oder umfriedeten Abstellplatzes benutzt. Beträgt die Dauer der Unterbrechung mehr als 18 Monate, so endet der Vertrag nach 18 Monaten, ohne dass es einer Kündigung bedarf.

Voraussetzungen für die Leistungsfreiheit des Versicherers

Die Rechtsgrundlagen für alle **vertraglichen** Obliegenheitsverletzungen sind § 28 VVG und § 5 KfzPflVV. Vertraglich vereinbarte Obliegenheiten (z. B. Führerscheinklausel) und deren angegebenen Folgen dürfen nicht gegen den Inhalt der v. g. Rechtsgrundlagen verstoßen.

Voraussetzungen bei vertraglichen **Obliegenheitsverletzungen vor dem Versicherungsfall**

Bei vertraglichen Obliegenheitsverletzungen vor dem Versicherungsfall muss der Versicherer dem Versicherungsnehmer zusätzlich kündigen, wenn er zum Schadenzeitpunkt leistungsfrei sein will, obwohl die Verletzung der Obliegenheit häufig erst nach dem Schadeneintritt bekannt wird. Eine Kündigung ist nicht erforderlich, wenn das Kfz aufgrund des Schadens endgültig wegfällt – Totalschaden. Der Versicherer kann, wenn er den Versicherungsnehmer als Vertragspartner dennoch behalten möchte, anschließend einen neuen Antrag auf Abschluss einer Kfz-Versicherung anbieten.

▶ Beispiel

Der Versicherungsnehmer fährt mit seinem Fahrzeug, ohne die erforderliche Fahrerlaubnis zu besitzen. Während der Fahrt verliert er die Kontrolle über das Kfz und verletzt einen Fußgänger, der im Krankenhaus behandelt werden muss.

Lösung

Nach dem Inhalt der AKB hat der Versicherungsnehmer in diesem Fall keinen Versicherungsschutz, wenn auch die o. g. Voraussetzungen erfüllt sind. Da ein Verschulden des Versicherungsnehmers und die Kausalität gegeben sind, muss der Versicherer den Vertrag noch kündigen.

Gesetzliche Obliegenheiten im/nach dem Versicherungsfall

Anzeigepflicht

Nach Eintritt des Versicherungsfalls hat der Versicherungsnehmer diesen dem Versicherer unverzüglich anzuzeigen.

§ 30 VVG

Auskunftspflicht

Der Versicherungsnehmer muss, wenn es der Versicherer verlangt, jede Auskunft erteilen, die mit dem Versicherungsfall im Zusammenhang steht.

§ 31 VVG

Anders als bei den gesetzlichen Obliegenheitsverletzungen vor Versicherungsfall sind die Folgen in diesen Fällen nicht im Gesetzestext geregelt. Da diese Obliegenheiten aber auch vertraglich vereinbart sind, gelten die dort genannten Folgen.

Vertragliche Obliegenheiten im/nach dem Versicherungsfall

Anzeigepflicht

E. 1.1 AKB 2008
§ 30 Abs. 2 VVG

Jeder Versicherungsfall ist dem Versicherer vom Versicherungsnehmer innerhalb einer Woche schriftlich anzuzeigen. Wird die Anzeigepflicht verletzt, kann der Versicherer den Versicherungsschutz nur versagen, wenn er nicht in anderer Weise (z. B. Zeugenberichte oder Aktenauszug der Bußgeldbehörde bzw. Staatsanwaltschaft) von dem Eintritt des Versicherungsfalls rechtzeitig Kenntnis erlangt hat.

Ausnahme von der Anzeigepflicht

E. 1.3 AKB 2008

Kleine Sachschäden bis 500 €, die der Versicherungsnehmer selbst reguliert hat bzw. regulieren wollte.

Aufklärungs- und Schadenminderungspflicht

E. 1.5 / E 1.6
AKB 2008

Der Versicherungsnehmer ist verpflichtet, alles zu tun, was zur Aufklärung des Tatbestandes und zur Minderung des Schadens dienlich sein kann.

▶ Beispiel

Der Versicherungsnehmer beschädigt beim Rangieren auf dem Parkplatz ein dort abgestelltes Fahrzeug und entfernt sich unerlaubt vom Unfallort.

Mahnbescheid

E. 2.2 AKB 2008

Wird ein Anspruch gegen den Versicherungsnehmer gerichtlich (Mahnbescheid oder Vollstreckungsbescheid) geltend gemacht, so hat er dieses dem Versicherer unverzüglich anzuzeigen.

Prozessführung

E. 2.3 AKB 2008

Wenn es zu einem Rechtsstreit kommt, hat der Versicherungsnehmer dem Versicherer die Führung des Prozesses zu überlassen, d. h., der Versicherer entscheidet, ob der Prozess geführt wird bzw. beauftragt selbst einen Rechtsanwalt, der die Interessen des Versicherers und gleichzeitig die des Versicherungsnehmers wahrnimmt, soweit es um die Abwehr unbegründeter Schadenersatzansprüche geht. Werden strafrechtliche Ansprüche (z. B. Bußgeld) gegen den Versicherungsnehmer oder Fahrer gestellt, ist der Kraftfahrzeug-Haftpflichtversicherer nicht mehr zuständig (ggf. Rechtsschutzversicherung). Soweit gegen den Versicherungsnehmer ein Mahnbescheid erwirkt wurde, hat er sofort Widerspruch einzulegen.

Voraussetzungen bei vertraglichen **Obliegenheitsverletzungen im/nach dem Versicherungsfall**

§ 6 KfzPflVV
§ 28 Abs. 2 VVG
D. 3 AKB 2008

LF 2

LF 11

LF 15

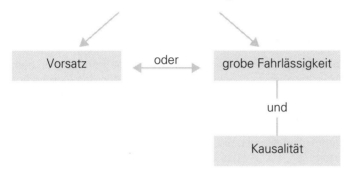

Kausalität bedeutet in diesem Fall, dass die Obliegenheitsverletzung entweder

- Einfluss auf die Feststellung des Versicherungsfalles oder
- Einfluss auf die Feststellung der Versicherungsleistung oder
- Einfluss auf den Umfang der Versicherungsleistung hatte.

▶ Beispiel

Der Versicherungsnehmer gerät mit seinem Pkw ins Schleudern und beschädigt die Gartenmauer des Anspruchstellers. Anschließend entfernt er sich unerlaubt vom Unfallort. Er kann jedoch aufgrund von Zeugenangaben ermittelt werden.

Lösung

Bei diesem Sachverhalt wird das bewusste Entfernen vom Unfallort als vorsätzliche Handlung angesehen, sodass der Versicherungsnehmer keinen Versicherungsschutz hat. Die Frage nach der Kausalität ist bei vorsätzlicher Verletzung einer Obliegenheit nach dem Versicherungsfall unerheblich.

3.11 Folgen bei Einschränkungen des Versicherungsschutzes

§ 5 (2) KfzPflVV
D. 3 AKB 2008

Der Versicherer ist den Personen (Versicherungsnehmer, Fahrer, Halter oder Eigentümer) gegenüber leistungsfrei, die die Einschränkung des Versicherungsschutzes zu vertreten haben.

§ 3 PflVG
§ 115 VVG

Der **Direktanspruch** des Verkehrsopfers bleibt grundsätzlich bestehen. Der Versicherer muss den verursachten Schaden des Geschädigten ersetzen, kann aber seine Aufwendungen zurückfordern (**Regress**).

Ausnahme: Risikoausschlüsse

In diesen Fällen ist auch ein Direktanspruch des Geschädigten nicht mehr gegeben, sodass das Verkehrsopfer seinen Schaden nur beim Verursacher direkt geltend machen kann. Ist dieses nicht möglich, kann er sich unter bestimmten Voraussetzungen an die Verkehrsopferhilfe wenden.

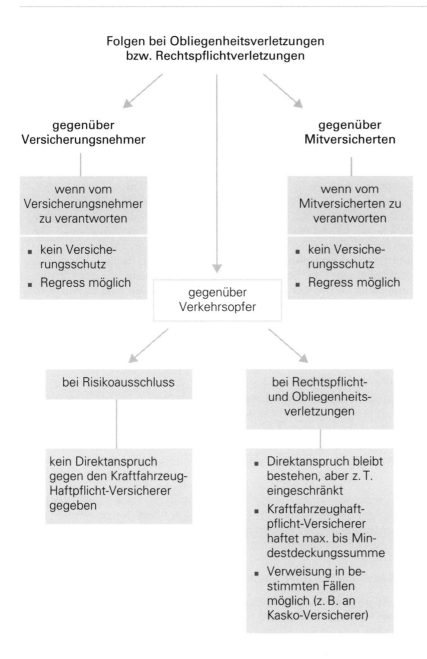

Folgen bei Obliegenheitsverletzungen
bzw. Rechtspflichtverletzungen

gegenüber
Versicherungsnehmer

gegenüber
Mitversicherten

wenn vom
Versicherungsnehmer
zu verantworten

wenn vom
Mitversicherten zu
verantworten

- kein Versiche-
  rungsschutz
- Regress möglich

- kein Versiche-
  rungsschutz
- Regress möglich

gegenüber
Verkehrsopfer

bei Risikoausschluss

bei Rechtspflicht-
und Obliegenheits-
verletzungen

kein Direktanspruch
gegen den Kraftfahrzeug-
Haftpflicht-Versicherer
gegeben

- Direktanspruch bleibt
  bestehen, aber z. T.
  eingeschränkt
- Kraftfahrzeughaft-
  pflicht-Versicherer
  haftet max. bis Min-
  destdeckungssumme
- Verweisung in be-
  stimmten Fällen
  möglich (z. B. an
  Kasko-Versicherer)

3.11.1 Folgen gegenüber dem Verkehrsopfer

§ 3 PflVG

Der **Direktanspruch** besteht, ist aber wie folgt eingeschränkt:

§ 117 Abs. 3 VVG

- der Versicherer haftet bis zur Höhe der **Mindestdeckungssumme**
- der Versicherer hat eine **Verweisungsmöglichkeit** (subsidiäre Haftung)

Der Kraftfahrzeug-Haftpflichtversicherer kann den Geschädigten an Schadenversicherer (z. B. Kaskoversicherer – der Kaskovertrag wird lt. Tarifbestimmung in diesen Fällen nicht zurückgestuft) oder Sozialversicherungsträger (z. B. Krankenkasse, private Krankenversicherung usw.) verweisen, soweit diese in Anspruch genommen werden können. Die darüber hinausgehenden und nicht abgedeckten Ansprüche muss der Kraftfahrzeug-Haftpflichtversicherer regulieren. An Regressen der Schadenversicherer oder Sozialversicherungsträger muss sich der Kraftfahrzeug-Haftpflichtversicherer nicht beteiligen. Die Regressansprüche können nur beim Verursacher geltend gemacht werden.

§ 3 (6) PflVG

Die Verweisungsmöglichkeit hat der Gesetzgeber in folgenden Fällen ausgeschlossen:

- **Führerscheinklausel**
- **Schwarzfahrtklausel**
- **subjektive Gefahrerhöhung** (§ 23 VVG)
  (Fahrzeug entspricht nicht den Bau- und Betriebsvorschriften)

3.11.2 Folgen gegenüber dem Versicherungsnehmer/den mitversicherten Personen

§ 5 KfzPflVV
D. 3.3 AKB 2008

Der Versicherer ist den Personen gegenüber, die keinen Versicherungsschutz genießen, leistungsfrei. Nach erfolgter Regulierung der Schadenersatzansprüche des Verkehrsopfers kann der Kraftfahrzeug-Haftpflichtversicherer Regress nehmen.

Regresshöhe bei Obliegenheitsverletzungen vor Versicherungsfall

Der Regress des Kraftfahrzeug-Haftpflichtversicherers ist auf einen Betrag von max. **5.000 €** pro Person begrenzt. Die Leistungsfreiheit ist ebenfalls auf den v. g. Betrag begrenzt, mit der Folge, dass der Versicherungsnehmer für den darüber hinausgehenden Betrag Versicherungsschutz hat.

Ausnahme

D. 3.5 AKB 2008

Der Dieb, der mit dem entwendeten Fahrzeug Schäden verursacht, kann in voller Höhe in Regress genommen werden.

▶ Beispiel

Der Versicherungsnehmer befindet sich mit seiner Ehefrau auf einer Flugreise. Sein Pkw steht zu Hause in der Garage. Christian, der 16-jährige Sohn nutzt diese Gelegenheit erstmals, um mit dem Pkw seinen Freund zu besuchen. Er nimmt den Fahrzeugschlüssel und startet den Pkw. Auf der Bundesstraße gerät das Kfz aufgrund überhöhter Geschwindigkeit von der Fahrbahn und prallt gegen eine Hauswand. Der Schaden am Wohnhaus beträgt nach dem erstellten Gutachten 9.000 €.

Kann der Geschädigte mit einer Entschädigung rechnen?

Haben Versicherungsnehmer und Sohn (Fahrer) Versicherungsschutz?

Lösung

Der Sohn hat das Kfz ohne Erlaubnis des Versicherungsnehmers und ohne Führerschein gefahren. Er hat somit als im Kfz-Vertrag mitversicherte Person eine Schwarzfahrt bzw. Fahrt ohne gültige Fahrerlaubnis (Obliegenheitsverletzungen vor Versicherungsfall) durchgeführt, mit der Folge, dass er für diesen Schadenfall bis zu Höhe von 5.000 € keinen Versicherungsschutz hat. Der Versicherer zahlt an den Geschädigten die Entschädigung in Höhe von 9.000 € und wird den Sohn mit 5.000 € in Regress nehmen.

Da der Versicherungsnehmer von dieser Fahrt keine Kenntnis hatte, hat er keine Obliegenheit verletzt. Er hat Versicherungsschutz.

Regresshöhe bei Obliegenheitsverletzungen im/nach dem Versicherungsfall

Der Regress ist auf einen Betrag von max. **2.500 €** oder **5.000 €** (bei schwerer Verletzung der Obliegenheit) beschränkt. Darüber hinaus muss der Kraftfahrzeug-Haftpflichtversicherer Versicherungsschutz gewähren.

§ 6 KfzPflVV
E. 7.3 / E 7.4
AKB 2008

Regresshöhe bei Rechtspflichtverletzungen

In diesen Fällen besteht kein Versicherungsschutz. Regress wird in voller (unbegrenzter) Höhe genommen. Lediglich die mitversicherten Personen (z. B. Fahrer), die von der Nichtzahlung der Prämie keine Kenntnis hatten bzw. haben konnten, erhalten Versicherungsschutz, wenn Forderungen auf Schadenersatz gegen sie gestellt werden.

§ 37 VVG
§ 38 VVG
§ 117 VVG

LF 2

LF 11

LF 15

▶ Beispiel

Der Angestellte Weber des Versicherungsnehmers verursacht schuldhaft einen Unfall. Da der Versicherungsnehmer seine Prämie nicht rechtzeitig gezahlt hat, besteht nach § 38 VVG kein Versicherungsschutz. Von dieser Nichtzahlung der Prämie hatte Herr Weber keine Kenntnis.

Kann der Geschädigte seinen Schadenersatzanspruch gegen den Fahrer geltend machen?

Lösung

Da eine Haftung des Fahrers gegeben ist, hat der Kraftfahrzeug-Haftpflichtversicherer keine Verweisungsmöglichkeit. Er muss den Schaden regulieren. Herr Weber hat Versicherungsschutz und kann daher nicht in Regress genommen werden. Ebenso muss der Versicherer zahlen, wenn der Geschädigte beispielsweise seine Kaskoversicherung vorab in Anspruch genommen hat und diese nun beim schadenverursachenden Fahrer den Aufwand erstattet verlangt. Der Kraftfahrzeug-Haftpflichtversicherer nimmt nach erfolgter Regulierung seinen Versicherungsnehmer in unbegrenzter Höhe in Regress.

Übersicht: Folgen bei Einschränkungen des Versicherungsschutzes in der Kraftfahrzeug-Haftpflichtversicherung

	Obliegenheiten vor Versicherungsfall	Obliegenheiten nach Versicherungsfall	Rechtspflichtverletzung	Risikoausschlüsse
Leistungsfreiheit	bis max. 5.000 €	bis max. 2.500 € 5.000 €	unbegrenzt	unbegrenzt
Regresshöhe	bis max. 5.000 €/Person unbegr./Dieb	bis max. 2.500 € 5.000 €	unbegrenzt	kein Regress, da keine Zahlung
Verweisung	bis max. 5.000 € nicht bei ■ Führerschein ■ Schwarzfahrt ■ Gefahrerhöh.	bis max. 2.500 € 5.000 €	ja, unbegrenzt Ausnahme: wenn Fahrer keine Kenntnis hat	nein, kein Direktanspruch
Fahrer wird in Anspruch genommen	Versicherungsschutz i. O., wenn Fahrer keine Kenntnis hat		Versicherungsschutz i. O., wenn Fahrer keine Kenntnis hat	

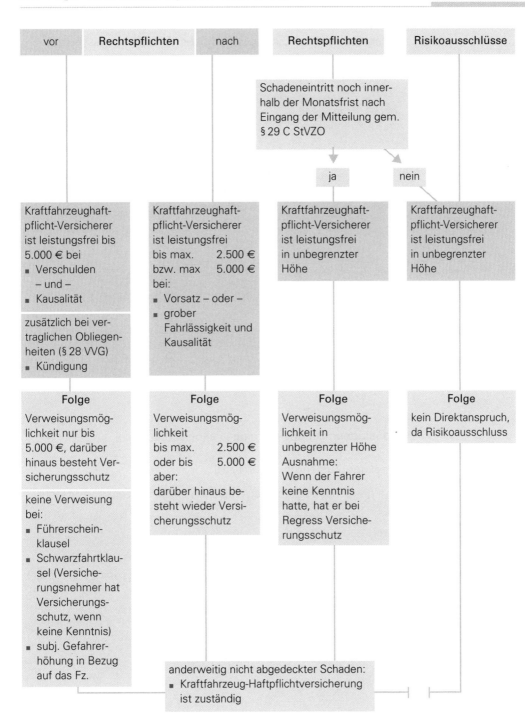

vor | **Rechtspflichten** | nach | **Rechtspflichten** | **Risikoausschlüsse**

LF 2

LF 11

LF 15

Schadeneintritt noch innerhalb der Monatsfrist nach
Eingang der Mitteilung gem.
§ 29 C StVZO

ja | nein

**Kraftfahrzeughaft-
pflicht-Versicherer
ist leistungsfrei bis
5.000 € bei**
- Verschulden
  – und –
- Kausalität

zusätzlich bei ver-
traglichen Obliegen-
heiten (§ 28 VVG)
- Kündigung

**Kraftfahrzeughaft-
pflicht-Versicherer
ist leistungsfrei
bis max.   2.500 €
bzw. max   5.000 €
bei:**
- Vorsatz – oder –
- grober
  Fahrlässigkeit und
  Kausalität

**Kraftfahrzeughaft-
pflicht-Versicherer
ist leistungsfrei
in unbegrenzter
Höhe**

**Kraftfahrzeughaft-
pflicht-Versicherer
ist leistungsfrei
in unbegrenzter
Höhe**

Folge
Verweisungsmög-
lichkeit nur bis
5.000 €, darüber
hinaus besteht Ver-
sicherungsschutz

keine Verweisung
bei:
- Führerschein-
  klausel
- Schwarzfahrtklau-
  sel (Versiche-
  rungsnehmer hat
  Versicherungs-
  schutz, wenn
  keine Kenntnis)
- subj. Gefahrer-
  höhung in Bezug
  auf das Fz.

Folge
Verweisungsmög-
lichkeit
bis max.   2.500 €
oder bis   5.000 €
aber:
darüber hinaus be-
steht wieder Versi-
cherungsschutz

Folge
Verweisungsmög-
lichkeit in
unbegrenzter Höhe
Ausnahme:
Wenn der Fahrer
keine Kenntnis
hatte, hat er bei
Regress Versiche-
rungsschutz

Folge
kein Direktanspruch,
da Risikoausschluss

anderweitig nicht abgedeckter Schaden:
- Kraftfahrzeug-Haftpflichtversicherung
  ist zuständig

Regresshöhe bei Einschränkung des Versicherungsschutzes

Prüfpositionen zur Lösung eines Fallbeispiels

1. Deckung/Zuständigkeit (KH/AH)

Wurde der Schaden durch den Gebrauch eines Fahrzeugs verursacht?

War Versicherungsnehmer oder eine mitversicherte Person der Verursacher?

Liegt eine Einschränkung des Versicherungsschutzes vor?
- Obliegenheiten (Voraussetzungen für die Leistungsfreiheit beachten)
- Rechtspflichten
- Risikoausschlüsse

2. Direktanspruch/Einschränkung

Folgen

- Leistungsfreiheit (Höhe)
- Verweisungsmöglichkeit (Höhe)

   Keine Verweisung bei　　　　　　　　　　　　　　§§ 115/117 VVG

   - Gefahrerhöhung
   - Führerscheinklausel
   - Schwarzfahrtklausel
   - Nichtzahlung der Prämie, sowie Obliegenheitsverletzungen, wenn der Fahrer, der in Anspruch genommen wird, von dieser Verletzung keine Kenntnis hatte bzw. haben konnte
   - Mindestdeckungssumme

LF
2

LF
11

LF
15

3. Haftung

Grundlagen

- Verschuldenshaftung (§§ 823, 253 BGB)
- Gesamtschuldnerische Haftung (§ 830 BGB)
- Gefährdungshaftung (§ 7 SVG, Voraussetzungen, Ausnahmen)

Mithaftung

4. Schadenhöhe

Wiederbeschaffungswert, Wertminderung, Schmerzensgeld usw.

5. Regress

- gegenüber Versicherungsnehmer
- gegenüber der mitversicherten Person
- gegenüber sonstigen Personen
- gegenüber anderen Versicherern nach Teilungsabkommen
- gegenüber anderen Versicherern nach Sach- und Rechtslage

Übungen

1. Frau Möller benutzt ihr als Pkw in Eigenverwendung versichertes Kfz als Taxi. Aufgrund überhöhter Geschwindigkeit kommt sie von der Fahrbahn und prallt gegen ein parkendes Fahrzeug. Das parkende Kfz, für das auch eine Vollkaskoversicherung mit 150 € Selbstbeteiligung besteht, wird erheblich beschädigt. Der Geschädigte macht den Fahrzeugschaden in Höhe von 3.500 € geltend.

    Bearbeiten Sie den Schadenfall.

2. Herr Ackermann hat laut Schadenanzeige einen Fremdschaden in Höhe von 4.000 € an einem haltenden Lkw (vollkaskoversichert mit 500 € Selbstbeteiligung) verursacht. Zum Schadenzeitpunkt hat Herr Ackermann die Prämie noch nicht gezahlt. Die qualifizierte Mahnung gem. § 38 VVG wurde vor drei Wochen abgesandt.

    Wie bearbeitet der Versicherer des Herrn Ackermann den Schadenfall?

    Wie ist der Fall zu bearbeiten, wenn der angestellte Fahrer des Herrn Ackermann den Schaden verursacht hat, der vom Zahlungsverzug keine Kenntnis hatte?

3. Am Schadentag verursacht der Versicherungsnehmer Schulte mit 2,10 Promille einen Auffahrunfall. Für das Kfz des Geschädigten besteht eine Vollkaskoversicherung mit 500 € Selbstbeteiligung.

    Wie wird der Kraftfahrzeug-Haftpflichtversicherer den Schaden bearbeiten?

4. Herr Kramer verursacht einen Unfall und entfernt sich unerlaubt vom Unfallort, ohne sich um den von ihm beschädigten parkenden Lkw zu kümmern.

    Bearbeiten Sie den Schadenfall.

5. Auf nasser Fahrbahn gerät Herr Koch mit seinem Auto ins Schleudern und verletzt einen Fußgänger, der eine Woche stationär im Krankenhaus behandelt werden muss. Die Polizei stellt fest, dass die Reifen nicht mehr das erforderliche Profil von mindestens 1,6 mm aufweisen.

    Wie bearbeitet der Versicherer den Schadenfall? Wie wird der Schaden bearbeitet, wenn der Bruder des Herrn Koch kurzfristig und ohne Erlaubnis das Fahrzeug benutzte?

6. Herr Schmitz verletzt mit seinem Pkw einen Radfahrer, den er beim Anfahren übersehen hat. Die Polizei stellt fest, dass Herr Schmitz nicht im Besitz der vorgeschriebenen gültigen Fahrerlaubnis ist.

    Bearbeiten Sie den Schadenfall. Wie wird der Schaden bearbeitet, wenn eine Bekannte des Herrn Schmitz das Kfz ohne die erforderliche Fahrerlaubnis lenkte?

7. Der 16-jährige Sohn des Herrn Hoffmann nimmt sich unbemerkt den Schlüssel des Kfz und macht eine Spritztour, bei der ein anderes Kfz beschädigt wird.

   Wie bearbeitet der Kraftfahrzeug-Haftpflichtversicherer den Schadenfall?

8. Der Kfz-Vertrag des Herrn Meyer wurde wegen Nichtzahlung der Folgeprämie, nach Absendung der Anzeige an das StVA (30.9.), abgerechnet. Herr Meyer fährt aber weiterhin mit dem Kfz und verursacht am 20.10. einen Unfall, bei dem ein Haus und ein parkender Pkw erheblich beschädigt werden.

   Wie bearbeitet der Kraftfahrzeug-Haftpflichtversicherer den Schaden?

   Erhält der Geschädigte seine Schäden ersetzt?

9. Das Auto der Frau Becker wird entwendet und vom Dieb in die Schaufensterscheibe eines Kaufhauses gelenkt. Der Dieb entkommt unerkannt. Das aufgebrochene und kurzgeschlossene Kfz lässt er am Schadenort zurück. Der Kaufhausbesitzer ermittelt aufgrund des Kennzeichens die Halterin und stellt Schadenersatzansprüche in Höhe von 10.000 €.

   Muss Frau Becker bzw. ihr Kraftfahrzeug-Haftpflichtversicherer den Schaden ausgleichen?

   Wird der Kfz-Vertrag der Frau Becker belastet?

10. Der Versicherungsnehmer kauft im Baumarkt Holzbretter, die er zum Vertäfeln seines Wohnzimmers benötigt, und befestigt diese auf dem Dachgepäckträger seines Pkw. Dabei rutscht ihm ein Brett aus der Hand und prallt auf die Motorhaube eines auf der angrenzenden Parkfläche stehenden Pkw. Der Versicherungsnehmer meldet den Schaden seiner Privathaftpflicht-Versicherung.

    Wird der Versicherer den Schaden regulieren?

    Begründen Sie Ihre Antwort.

11. Am Pkw des Versicherungsnehmers versagen plötzlich und unerwartet die Bremsen. Der Pkw gerät von der Fahrbahn, rast in eine Fußgängergruppe und prallt anschließend gegen eine Hauswand. Dabei werden auch zwei Bekannte des Versicherungsnehmers, die sich im Pkw befinden, schwer verletzt.

    Auf welche Schadenersatzleistungen haben die verletzten Fußgänger und Insassen sowie der Hauseigentümer Anspruch?

    Wie ist die Haftungshöhe des Versicherungsnehmers bezüglich der einzelnen Schadenbereiche (Personenschäden, Sachschäden usw.) geregelt?

12. Der Versicherungsnehmer Schulz fährt einen Bekannten vorsätzlich an und verletzt diesen. Der Bekannte verlangt 5.000 €
Schmerzensgeld und 100 € für den Sachschaden.

Bearbeiten Sie den Schadenfall.

13. Sie sind Mitarbeiter/-in der Antragsabteilung Kraftfahrtversicherung der Proximus Versicherung. Von Ihrem Kunden Uwe Göller
liegt Ihnen eine schriftliche Information vor, dass er beabsichtigt,
einen Anhänger zu erwerben, um damit regelmäßig sein Ge-
lände-Motorrad zu Moto-Cross-Wettbewerben zu transportieren.
Herr Göller möchte wissen, ob bzw. wofür er für den Anhänger
eine eigene Kraftfahrtzeug-Haftpflichtversicherung benötigt und
ob über diese Versicherung ein etwaiger Transportschaden am
Motorrad versichert ist.

Beraten Sie Herrn Göller.

14. Sie sind Mitarbeiter/-in der Generalagentur Henke der Proximus
Versicherung AG. In Ihrem Büro erscheint am 5. Mai 2011 der
Kunde Helmut Karg (geb. am 18. Mai 1990) und möchte von
Ihnen eine Versicherungsbestätigung für sein neues Camping-
kraftfahrzeug/Wohnmobil (Fiat, 90 KW, 2800 ccm, 5.000 km
Fahrleistung im Jahr, keine Garage, Baujahr 2000, sein Wunsch-
kennzeichen ist ES-AA 100).

Herr Karg wohnt in 72649 Nürtingen. Er ist Angestellter und hat
seinen Führerschein bei Vollendung seines 18. Lebensjahres erhalten. Er ist verheiratet mit Karin (geb. am 22. April 1992). Sie
haben keine Kinder. Seinen Pkw Marke VW Golf IV 1,9 TDI mit
110 KW hat er bereits bei der Proximus Versicherung AG versichert. Sein Vater besitzt einen BMW Mini Cooper mit 85 KW,
der mit SF 25 bei der Proximus Versicherung AG versichert ist.
Altershalber möchte er nicht mehr fahren und seinen Führerschein und sein Fahrzeug abgeben.

Beraten Sie den Kunden Helmut Karg (ohne Beitragsberechnung).

15. Frau Witte befährt mit ihrem Pkw die B 68 zwischen Osnabrück und Wallenhorst. In einer Rechtskurve wird ihr Fahrzeug von einem entgegenkommenden Lieferwagen, der die Fahrbahnmitte überfährt, an der Fahrerseite stark beschädigt. Ihr Kfz gerät dadurch ins Schleudern und prallt vor einen Baum. Der Verursacher kann unerkannt entkommen. Frau Witte muss 3 Tage im Krankenhaus stationär behandelt werden. Durch diesen Unfall ist folgender Schaden entstanden:

- Fahrzeugschaden: 3.500 €
- Krankenhauskosten: 1.250 €
- Kleidungsschaden: 250 €
- Schmerzensgeld: 1.000 €
- Selbstbeteiligung: 21 €
  (im Krankenhaus)

Eine Vollkaskoversicherung besteht für das Fahrzeug der Frau Witte nicht.

Wo kann Frau Witte ihre Schadenersatzansprüche geltend machen?

Welche Positionen werden erstattet?

4. Kraftfahrt-Fahrzeugversicherung

4.1 Versicherungsumfang

▶ Situation

Auf ihren flotten Flitzer hat Frau Daubert lange gespart – 22.000 € hat
er gekostet. Ein starker Hagel in Süddeutschland hat nun für viele beschädigte Autodächer gesorgt. Ihre Kundin hat dies in der Zeitung gelesen und ist nun beunruhigt. Wenn sie sich vorstellt, dass ihrem Cabrio
dies passiert wäre oder dass sie dem Auto selbst einen Totalschaden
zufügen würde … nicht auszudenken. Wo sollte sie das Geld herneh-
men, alles wieder instandzusetzen, geschweige denn sich ein neues
Auto zu kaufen. Gibt es Möglichkeiten auch ihr Auto separat zu versichern?

▶ Erläuterung

Die Fahrzeugversicherung ist nicht gesetzlich vorgeschrieben. Durch
sie wird das eigene Fahrzeug versichert. Grundsätzlich kann nur der
Versicherungsnehmer Ansprüche aus der Fahrzeugversicherung geltend machen.

Die Fahrzeugversicherung wird auch als „Kaskoversicherung" bezeichnet. „Kasko" kommt aus dem Spanischen und bedeutet Körper.

Die Kaskoversicherung deckt Schäden am Fahrzeug durch   A. 2.1.1 AKB 2008

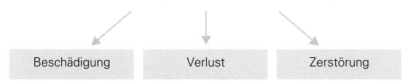

| Beschädigung | Verlust | Zerstörung |

Gegen diese Schäden ist nicht nur das Fahrzeug selbst versichert, sondern auch seine unter Verschluss verwahrten oder an ihm befestigten
Fahrzeug- und Zubehörteile. Eingeschlossen ist auch Zubehör, das aufgrund gesetzlicher Bestimmungen mitgeführt werden muss und Zubehör, das der Pannenhilfe oder ausschließlich der Unfallaufnahme dient
(z. B. Motorradhelm, Kindersitz, Warndreieck, Verbandskasten usw.).

4.1.1 Fahrzeugteile und Zubehör

A. 2.1.2 AKB 2008   Mitversicherte Teile können z. B. wie folgt unterteilt werden:

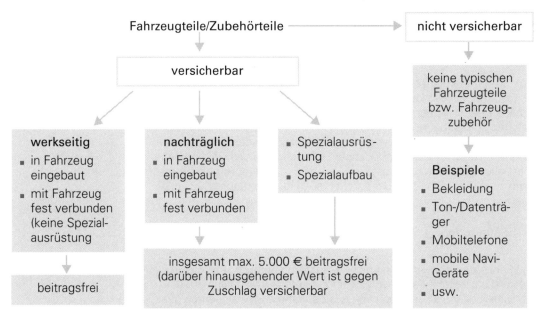

Der Versicherungsumfang bestimmt, ob ein Versicherungsfall vorliegt oder nicht. Ein Versicherungsfall ist ein Ereignis, das einen unter die Versicherung fallenden Schaden verursacht.

Da der Versicherungsumfang in zwei große Bereiche unterteilt ist, möchte Herr Fischer, bezüglich seines neuen Autos, von Ihnen über die unterschiedliche Absicherung in der Teil- bzw. Vollkaskoversicherung informiert werden.

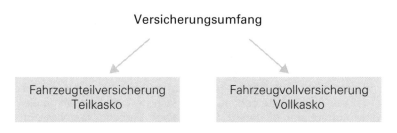

Die zwei Arten der Fahrzeugversicherung unterscheiden sich im Umfang der versicherten Gefahren. Da jegliche Form vorheriger aufsichtsbehördlicher Genehmigung von Versicherungsbedingungen in der Kaskoversicherung seit dem 1.1.1995 unzulässig ist, kann der Versicherungsumfang frei vereinbart werden. Dieses kann beispielsweise nach dem Baukastensystem mit einer Grunddeckung und zu vereinbarenden zuschlagspflichtigen Deckungserweiterungen (z. B. Einschluss der Wertminderung, Neupreisanspruch für Kfz im ersten Zulassungsjahr, Nutzungsausfall usw.) erfolgen.

4.1.2 Fahrzeugteilversicherung (Teilkasko)

Sie umfasst die Beschädigung, die Zerstörung oder den Verlust des Fahrzeugs und seiner unter Verschluss verwahrten bzw. an ihm befestigten Fahrzeugteile durch:

A. 2.2.2 AKB 2008

- Brand, Explosion
- Entwendung (Diebstahl, Raub ...)
- unmittelbare Einwirkung (auf das Fahrzeug) von:
  - Sturm
  - Hagel
  - Blitzschlag
  - Überschwemmung
- Zusammenstoß des in Bewegung befindlichen Fahrzeugs mit Haarwild sowie Pferden, Rindern, Ziegen und Schafen
- Glasbruch
- Kurzschlussschäden nur an der Verkabelung (Schmorschäden)
- Marderbiss an Kabeln, Schläuchen und Leitungen (keine Folgeschäden)

Brand

Es ist nicht Voraussetzung, dass das Fahrzeug selbst vom Feuer erfasst wird. Der Versicherungsfall ist bereits eingetreten, wenn es unmittelbar durch die Einwirkung des Feuers (auch Hitze oder Rauch) beschädigt wird.

A. 2.2.1 AKB 2008

▶ Beispiele

- Vergaserbrand durch Selbstentzündung
- Das Fahrzeug wird von Unbekannten angezündet.
- Von einem brennenden Gebäude fällt ein Dachziegel direkt auf das Fahrzeug.

Sengschäden am Sitzpolster durch Zigarettenglut sind keine Brandschäden.

Explosion

Motorexplosionen sind keine Explosionsschäden, da die Zerstörung von innen heraus erfolgt; Gase oder Dämpfe spielen dabei keine Rolle, sondern mechanische Gewalt.

▶ Beispiele

- beim Schweißen explodiert der Tank des Pkw
- eine im Fahrzeug liegende Mineralwasserflasche erhitzt sich durch die Sonneneinwirkung so stark, dass diese explodiert und im Fahrzeuginnenraum Schaden anrichtet

Entwendung

A. 2.2.2 AKB 2008

Unter Entwendung versteht man die Wegnahme des Fahrzeugs oder seiner Teile. Sie muss widerrechtlich, d. h. ohne Rechtfertigungsgrund, wie z. B. Notwehr oder Einwilligung des Eigentümers, erfolgen.

Beschädigungen, die beim Versuch einer Entwendung oder beim Gebrauch des Fahrzeugs durch den Dieb verursacht werden, sind mitversichert.

Unter den Begriff Entwendung fallen

Diebstahl

Unbefugter Gebrauch betriebsfremder Personen

Dieses sind Personen, die keinerlei berechtigte Beziehungen zum Kfz und keine Ermächtigung zum Gebrauch bzw. Betrieb des Fahrzeugs haben; z. B. der Anhalter, der sich später unerlaubt des Fahrzeugs bemächtigt.

Raub und Unterschlagung

Die Unterschlagung durch denjenigen, an den der Versicherungsnehmer das Fahrzeug unter Vorbehalt seines Eigentums veräußert hat, oder durch denjenigen, dem es zum Gebrauch oder zur Veräußerung überlassen wurde, ist von der Versicherung ausgeschlossen. Ebenfalls nicht versichert ist der Betrug bzw. die Täuschungshandlung.

▶ Beispiele für ersatzpflichtige Entwendungsschäden

▪ Unbekannte entwenden die Kofferraumabdeckung ein-schließlich der Boxen sowie die Radioanlage und beschädi-gen dabei auch das Armaturenbrett.

▪ Beim Aufbruchversuch wird die Fahrzeugtür erheblich be-schädigt.

▪ In Abwesenheit des Versicherungsnehmers findet der 14-jährige Sohn den Zweitschlüssel und beschädigt das Fahr-zeug während einer Spritztour (unbefugter Gebrauch und betriebsfremde Personen).

▪ Die Kfz-Schlüssel werden entwendet. Ersatzpflichtig sind aber nur die Kosten für die Beschaffung neuer Schlüssel, nicht aber die Kosten für die Auswechselung der Kfz-Schlös-ser, da es sich nicht um Rettungskosten im Sinne von § 62 VVG handelt, sondern um Schadenverhütungskosten, die nicht vom Versicherer, sondern vom Versicherungsnehmer selbst zu tragen sind.

▶ Beispiele für nicht ersatzpflichtige Entwendungsschäden

▪ Ein Freund des Versicherungsnehmers behauptet in dessen Abwesenheit gegenüber dem Prokuristen des Versiche-rungsnehmers, der Versicherungsnehmer habe ihm gestat-tet, sich das Fahrzeug auszuleihen. Der Prokurist gibt das Fahrzeug heraus, der Freund verschwindet mit dem Fahr-zeug auf Nimmerwiedersehen. Hier liegt keine Entwen-dung, sondern ein Betrug bzw. eine Täuschungshandlung vor.

▪ Ein Kaufinteressent kehrt nach einer Probefahrt mit dem Fahrzeug nicht mehr zurück.

▪ Unbekannte zerschneiden aus Verärgerung die Sitz- und Rückenflächen der Vordersitze, da im Fahrzeug keine Wert-gegenstände vorgefunden wurden. Versicherungsschutz besteht aber im Rahmen einer Vollkaskoversicherung.

Sturm, Hagel, Blitzschlag und Überschwemmung

Die o. g. versicherten Naturgewalten müssen unmittelbar bzw. direkt auf das Fahrzeug eingewirkt haben. Versichert sind auch Schäden, wenn durch diese Naturgewalten Gegenstände auf oder gegen das Fahrzeug geworfen werden. Ausgeschlossen sind Schäden, die auf ein durch diese Naturgewalten veranlasstes Verhalten des Fahrzeugführers zurückzuführen sind.

A. 2.2.3 AKB 2008

▶ Beispiele

▪ Durch den Sturm werden Dachpfannen vom Haus gerissen und direkt gegen ein Fahrzeug geschleudert.

▪ Der Sturm wirft einen Ast so plötzlich vor einen fahrenden Pkw auf die Fahrbahn, dass der Fahrer weder ausweichen noch rechtzeitig bremsen kann. Wenn der Fahrer aber gegen einen vom Sturm umgeknickten und bereits auf der Straße liegenden Baum fährt, ist die unmittelbare Einwirkung des Sturmes nicht mehr gegeben.

▪ Durch Hagel werden Dach, Haube und Kofferraum verbeult.

▪ Durch Herabfallen von Teilen eines vom Blitzschlag getroffenen Baumes oder Gebäudes wird ein Fahrzeug beschädigt.

▪ Eine vom Fahrer veranlasste Schreckreaktion aufgrund des Blitzes ist kein Blitzschaden, da die Naturgewalt nicht direkt auf das Fahrzeug eingewirkt hat.

▪ Das Fahrzeug wird durch die Wassermassen der überfluteten Straße zur Seite gegen den Bordstein gedrückt. Dabei wird der Reifen mit Felge beschädigt.

Kein ersatzpflichtiger Überschwemmungsschaden liegt vor, wenn der Versicherungsnehmer seinen Wohnwagenanhänger auf einem Campingplatz stehen lässt, der alljährlich im Frühjahr von Wassermassen überflutet wird. Hier wird das Verhalten des Versicherungsnehmers als grob fahrlässig angesehen.

Zusammenstoß mit Tieren

A. 2.2.4 AKB 2008

> Unter Wildschaden versteht man den Schaden, der dadurch entsteht, dass das in **Bewegung** befindliche Fahrzeug mit Haarwild kollidiert.

Das Fahrzeug selbst muss in Bewegung sein. Die Kollision muss mit einem Haarwild nach dem Bundesjagdgesetz erfolgt sein. Dort sind folgende Tiere genannt:

▪ Wisent, Elch-, Rot-, Dam-, Gams-, Stein- und Muffelwild
▪ Schwarzwild, Feldhase, Schneehase und Wildkaninchen
▪ Murmeltier, Wildkatze, Luchs, Steinmarder und Baummarder
▪ Mauswiesel, Dachs, Fischotter, Seehund, Iltis und Hermelin

Darüber hinaus besteht auch Versicherungsschutz bei einer Kollision mit

▪ Pferden
▪ Ziegen und

▪ Rindern
▪ Schafen

▶ Beispiele

- Ein Reh läuft vor ein fahrendes Fahrzeug und beschädigt dieses.

- Durch den Zusammenstoß mit einem Wildschwein wird die Lenkung blockiert, sodass das Fahrzeug von der Fahrbahn gerät und gegen einen Baum prallt.

Wenn ein aus dem Zoo ausgebrochener Keiler das auf dem Parkplatz stehende Fahrzeug beschädigt, liegt kein Wildschaden vor, da das Fahrzeug nicht in Bewegung ist.

Rechtsprechung seit 1991:

Bis 1991 hat die ständige Rechtsprechung überwiegend die Auffassung vertreten, dass Schäden, die nicht durch den Zusammenstoß mit Haarwild, sondern durch das Ausweichen entstehen, nicht vom Versicherungsschutz erfasst werden. In einem Urteil des Bundesgerichtshofes (BGH IV ZR 202/90) vom 20.2.1991 wurde festgestellt, dass diese Schäden als Rettungskosten auch dann ersatzpflichtig sein können, wenn der Zusammenstoß unmittelbar bevorsteht. Der Versicherungsnehmer ist aber hierfür beweispflichtig. Kommt aufgrund der vorgefundenen Unfallspuren eine weitere Unfallursache (z. B. Fahrfehler wegen nicht angepasster Geschwindigkeit im Kurvenbereich) in Betracht, wird der Versicherungsnehmer Beweisschwierigkeiten haben.

▶ Hinweis

In den Fällen, in denen Zweifel an der Echtheit der vorgefundenen Wildhaare bestehen, kann beispielsweise eine Untersuchung bei einem entsprechenden Sachverständigenbüro in Auftrag gegeben werden.

Glasbruch

Unter Glasbruch versteht man Bruchschäden an der Verglasung.   A. 2.2.5 AKB 2008

Es muss ein Glasbruch vorliegen. Kratzer sind nicht ersatzpflichtig. Versichert ist nur die Verglasung (z. B. Glasscheiben, Blinker- und Scheinwerferglas). Der Glasbruchschaden umfasst auch die Sonderausführungen, wie Heckscheibenheizung, Radioantenne in der Frontscheibe usw. einschließlich Montagekosten, die bei einem Reparaturschaden anfallen.

Liegt ein Reparaturschaden vor, wird häufig der Glasschaden zum Neupreis entschädigt, obwohl die Frontscheibe durch Kratzer o. ä. Beschädigungen im Laufe der Zeit einer Abnutzung unterliegt. Im Totalschadenfall wird der Glasschaden zum Wiederbeschaffungswert ersetzt.

▶ Beispiel

Durch plötzlich auftretendes Glatteis gerät der Pkw ins Schleudern und prallt gegen einen Baum. Am 12 Jahre alten Pkw
entsteht ein Totalschaden. Der Pkw (Neuwert: 30.000 €)
hatte kurz vor dem Unfall einen Wiederbeschaffungswert von
3.000 €. Dieses entspricht 10 % vom Neupreis. Aufgrund der
bestehenden Teilkaskoversicherung macht der Versicherungsnehmer den Glasschaden geltend. Er reicht einen Kostenvor-
anschlag über die beschädigten Scheiben einschließlich Scheinwerfer und Blinker in folgender Höhe ein:

Pos. 1: Glasscheiben einschl. Scheinwerfer	1.300 €
Pos. 2: Gummidichtung	100 €
Pos. 3: Montagekosten	250 €
	1.650 €

Da der Versicherungsnehmer eine Teilkaskoversicherung ohne
Selbstbehalt abgeschlossen hat, macht er den v. g. Betrag in
voller Höhe geltend.

Hat der Versicherungsnehmer einen Anspruch auf 1.650 €?

Lösung

Nach einem Urteil des LG Osnabrück kann es nicht angehen,
dass in diesem Fall im Rahmen einer Teilkaskoversicherung
eine höhere Entschädigung als in einer Vollkaskoversicherung
gezahlt wird bzw. dass der Glasschaden über den Wert des
Fahrzeugs hinausgeht.

Daher ist der errechnete %-Satz des Wiederbeschaffungswertes vom Neuwert auch auf die Teilschäden anzuwenden. Der
Wert der Verglasung am Schadenstag (Wiederbeschaffungswert) beträgt danach ebenfalls 10 % vom Neuwert (10 % von
1.300 € = 130 €). Da eine Reparatur aufgrund des Totalschadens nicht mehr durchgeführt wird, werden die Positionen
Gummidichtung sowie Montagekosten nicht berücksichtigt.

Kurzschlussschaden an der Verkabelung

A. 2.2.6 AKB 2008

Kurzschlussschäden an der Verkabelung sind i. d. R. Schmorschäden,
d. h., es liegt ein Zersetzungsprozess vor infolge Einwirkung einer
Wärmequelle, ohne dass es zur Flammenbildung kommt.

Ersetzt wird nur der Schaden an der Verkabelung (Kabelbaum). Der darüber hinaus durch Kurzschluss verursachte Schaden an den Aggrega-
ten, wie Lichtmaschine, Anlasser, Batterie usw., fällt nicht unter den
Versicherungsschutz.

Schäden durch Marderbiss

Durch Marderbiss unmittelbar verursachte Schäden an Kabeln, Schläuchen und Leitungen. Alle darüber hinausgehenden Folgeschäden werden nicht vom Versicherungsschutz erfasst.

A. 2.2.7 AKB 2008

Rückstufung

Die Teilkaskoversicherung ist nicht mit einem Schadenfreiheits-Rabattsystem ausgestattet, sodass bei Inanspruchnahme der Teilkasko keine Rückstufung erfolgt.

Selbstbeteiligung

Die Selbstbeteiligung beträgt grundsätzlich 150 € (Abzugsfranchise) je Schadenereignis. Sie kann aber durch einen Prämienzuschlag ausgeschlossen werden.

4.1.3 Fahrzeugvollversicherung (Vollkasko)

Die Fahrzeugvollversicherung umfasst alle Schäden, die im Rahmen der Teilkaskoversicherung abgedeckt sind, und darüber hinaus

A. 2.3 AKB 2008

- Unfallschäden am Fahrzeug sowie
- Schäden, die durch mut- oder böswillige Handlungen betriebsfremder Personen verursacht werden.

Unfallschaden

Für die Fahrzeugversicherung ist ein Unfall ein

- unmittelbar
- plötzlich
- von außen her
- mit mechanischer Gewalt

einwirkendes Ereignis, das zu einem Schaden am Fahrzeug führt. Jedes der Merkmale muss erfüllt sein.

Brems-, Betriebs- und reine Bruchschäden sind keine Unfallschäden. Dieser Ausschluss gilt im Rahmen der Vollkasko jedoch nur bei Unfallschäden, nicht bei mut- oder böswilligen Handlungen betriebsfremder Personen.

Unmittelbar

Das Schadenereignis muss direkt auf das Fahrzeug eingewirkt haben.

Von außen

Die Entstehung des Schadens darf nicht auf einem inneren Vorgang beruhen.

LF 2

LF 11

LF 15

▶ Beispiele

- Der Pkw prallt gegen einen Gegenstand (Baum, Gebäude usw.).

- Wird dagegen der Pkw beim Wendemanöver durch den angehängten Anhänger beschädigt, fehlt es an einer Einwirkung von außen, da Zugfahrzeug und angekoppelter Anhänger als eine Einheit anzusehen sind. Es liegt daher ein reiner Betriebsschaden vor.

- Kippt der gezogene Anhänger um und prallt auf den Boden, liegt ein Unfallschaden vor. Wenn vor dem Aufprall die Zuggabel verbogen wird, liegt bis zu diesem Zeitpunkt noch keine mechanische Einwirkung von außen vor, mit der Folge, dass der Schaden an der Zuggabel als nicht ersatzpflichtiger Betriebsschaden anzusehen ist.

- Weiterhin liegt kein Unfallschaden vor, wenn der Fahrer beim Schalten nicht die Kupplung betätigt und einen Getriebeschaden verursacht (Betriebsschaden).

- Werden die Sicherheitsgurte bei einer Bremsung ohne Zusammenstoß überdehnt, liegt kein Unfall vor. Bei einer Notbremsung zur Verhinderung bzw. Minderung eines Schadens kann unter dem Gesichtspunkt der Schadenminderungspflicht (§ 62 VVG) Versicherungsschutz bestehen. Das Gleiche gilt, wenn aufgrund der Notbremsung die Reifen beschädigt werden.

Plötzlich

Die Einwirkung auf das Fahrzeug muss in einem relativ kurzen Zeitraum erfolgen und unerwartet sowie unvorhersehbar sein.

Mechanische Gewalt

Die Einwirkung muss durch Druck oder Zug erfolgen. Andere Gewalten, wie chemische Gewalt, fallen nicht unter den Unfallbegriff. Wird der Pkw auf einer frisch geteerten Straße bewegt und durch die Teerspritzer der Lack am Fahrzeug angegriffen, besteht kein Versicherungsschutz, da keine mechanische, sondern eine chemische Einwirkung vorliegt.

Mut- oder böswillige Handlungen betriebsfremder Personen

A. 2.3.3 AKB 2008

Eine mutwillige Handlung liegt dann vor, wenn sie z. B. durch einen dummen Streich oder aus Übermut ausgeführt wurde, bei der der Fahrzeugeigentümer zufällig geschädigt wird.

Eine böswillige Handlung liegt dann vor, wenn die Freude an der Schädigung einem bestimmten Fahrzeugeigentümer zum Ausdruck gebracht wird und eine schlechte bzw. feindliche Gesinnung voraussetzt.

▶ Beispiel

Nach einem Fußballspiel werden die Türen des Versicherungsnehmer-Fahrzeugs eingetreten.

Rückstufung

Wird ein Vollkaskoschaden ersetzt, gilt der Vertrag nicht mehr als schadenfrei und wird zur nächsten Fälligkeit im kommenden Jahr zurückgestuft.

Keine Rückstufung erfolgt, wenn im Rahmen einer Vollkasko ein Schaden reguliert wird, der auch unter den Teilkaskoversicherungsschutz fällt.

I. 3.4 AKB 2008
I. 4.1.2c AKB 2008

In den Fällen, in denen der Schadenverursacher keinen Versicherungsschutz genießt (z. B. wegen Alkoholfahrt) und sein Kraftfahrzeug-
Haftpflichtversicherer den Geschädigten an dessen Vollkasko-Versicherer verweist (§ 158 c, Abs. 4 VVG), muss der Kasko-Versicherer
seinem Versicherungsnehmer (= Geschädigter) den Fahrzeugschaden entsprechend den Bedingungen erstatten. Der Kasko-Vertrag
bleibt schadenfrei.

§ 3 Ziff. 6 PflVG

Selbstbeteiligung

Wird aufgrund der bestehenden Vollkaskoversicherung ein ebenfalls
teilkaskoversicherter Schaden gemeldet, kann nur die für Teilkasko-
schäden vereinbarte Selbstbeteiligung abgezogen werden, unabhängig
von der in der Vollkasko vereinbarten Selbstbeteiligung. Die Vollkaskoversicherung kann ohne oder mit 150 €, 300 €, 500 € (usw.) Selbstbeteiligung abgeschlossen werden.

4.2 Ersatzleistung

▶ Situation

Ihre Kundin ruft Sie besorgt hat. In der Nacht haben Täter in der Nachbarschaft einige Autos aufgebrochen und Sachen geklaut. Ein Nachbar
berichtet sogar, dass sein Auto komplett verschwunden ist. Das hört
sich nach einer Diebesbande an. Frau Daubert hatte ihr Auto zum Glück
in der Garage geparkt und kann aufatmen, aber dennoch ist es ihr wich-
tig zu wissen, wie die Versicherung in solchen Fällen leistet.

Der eingetretene Schaden im Kaskobereich wird bei Beschädigung,
Zerstörung bzw. Verlust der versicherten Sache nach Abzug einer vereinbarten Selbstbeteiligung wie folgt ersetzt:

A. 2.9/A. 2.10
AKB 2008

- Reparaturkosten (bis zur Höhe des Wiederbeschaffungswertes)
- Wiederbeschaffungswert bzw. Neupreis bei Pkw
- Fracht- und Transportkosten (z. B. Abschleppkosten)
- Kosten der Bahnfahrt zum Fundort (bei Totalentwendung)

Grundsätzlich wird die Entschädigung des Neupreises nicht mehr angeboten. Einige Versicherer haben diese Entschädigung unter der Voraussetzung, dass das Kfz zum Schadenzeitpunkt nicht älter als 6 Monate bzw. 1 Jahr ist, wieder eingeführt.

4.2.1 Beschädigung

A. 2.9.1 AKB 2008

Bei Beschädigung des Fahrzeugs oder der Fahrzeugteile ersetzt der Versicherer dem Versicherungsnehmer die Kosten der Wiederherstellung.

Wiederherstellung

Ersetzt werden die erforderlichen Kosten der Wiederherstellung (Reparaturkosten) bis zur Höhe des Wiederbeschaffungswertes. Dazu gehören auch die einfachen Fracht- und Transportkosten sowie die Abschleppkosten. Die Leistungsobergrenze ist aber der Wiederbeschaffungswert des Fahrzeugs.

Wiederbeschaffungswert

A. 2.7.3 AKB 2008

Unter Wiederbeschaffungswert ist der Betrag zu verstehen, der bei Wiederbeschaffung eines Ersatzfahrzeuges gleicher Art und Güte sowie gleichen Abnutzungszustands in dem regionalen Bereich des Wohnortes des Versicherungsnehmers durchschnittlich aufgewendet werden muss. Dabei ist zu berücksichtigen, ob der Versicherungsnehmer als Werksangehöriger, Kfz-Händler usw. gewisse Preisvorteile genießt.

▶ Beispiel

Frau Fischer ist mit ihrem Pkw aufgrund plötzlich auftretender Straßenglätte in einen Graben geschleudert. Bezüglich des Schadens am Pkw wurde vom Kaskoversicherer ein Gutachten mit den folgenden Daten erstellt:

Wiederbeschaffungswert	8.500 €
Restwert	3.000 €
Reparaturkosten	8.000 €

Frage

Frau Fischer erkundigt sich nach der Höhe der Auszahlung, da für das Fahrzeug eine Vollkaskoversicherung mit 1.000 € Selbstbeteiligung besteht. Sie hat den Reparaturauftrag bereits erteilt.

Lösung

Frau Fischer kann ihr Fahrzeug reparieren lassen, da die Höchstentschädigung (Wiederbeschaffungswert: 8.500 €) nicht überschritten wird. Der Kasko-Versicherer zahlt, sobald die Reparatur nachgewiesen ist folgende Entschädigung:

§ 12 PflVG

Reparaturkosten	8.000 €
abzügl. Selbstbeteiligung	– 1.000 €
	7.000 €

Mehrwertsteuer/Umsatzsteuer

Unabhängig von der gesetzlichen Neuregelung zum 1.8.2002 haben viele Versicherer in den AKB festgelegt, dass die Mehrwertsteuer nur dann erstattet wird, wenn sie angefallen und auch der Höhe nach nachgewiesen ist (z. B. durch Vorlage der Reparaturrechnung).

A. 2.1.2 AKB 2008

▶ Beispiel

Frau Fischer möchte wissen, welchen Betrag der Kasko-Versicherer zahlt, wenn das Kfz nicht repariert, sondern im beschädigten Zustand für 3.000 € veräußert wird.

Lösung

Wird das Kfz veräußert, ist der Wiederbeschaffungswert die Grundlage der Entschädigungsberechnung:

Wiederbeschaffungswert	8.500 €
abzügl. Restwert	– 3.000 €
abzügl. Selbstbeteiligung	– 1.000 €
	4.500 €

Frau Fischer erhält im Fall der Veräußerung 4.500 € vom Kasko-Versicherer und 3.000 € vom Käufer des beschädigten Fahrzeugs. Unter Berücksichtigung des Bereicherungsverbotes kommt eine andere Abrechnung nicht in Betracht. Diese Betrachtungsweise wird vom Bundesgerichtshof (BGH) nicht in allen Fällen unterstützt.

Wertverbesserung

Eine Wertverbesserung durch Neuersatz von Fahrzeugteilen oder Neulackierung wird durch einen Abzug „neu für alt" (nfa) von den Reparaturkosten wieder ausgeglichen. Dieser Abzug wird grundsätzlich erst ab dem 4. auf die Erstzulassung folgenden Jahres berücksichtigt. Beim Pkw verzichten inzwischen viele Versicherer auf diesen Abzug. Da nur Fahrzeugteile und die Lackierung von dieser Einschränkung betroffen sind, kann beim Fahrzeugzubehör (z. B. Autoradio) die Wertverbesserung immer ausgeglichen werden.

A. 2.9.3 AKB 2008

LF 2

LF 11

LF 15

4.2.2   Verlust bzw. Zerstörung

A. 2.7.1 AKB 2008

Im Falle des Verlustes (Entwendung usw.) oder der Zerstörung (Total-schaden) wird der Wiederbeschaffungswert ersetzt. Selbstbeteiligung und eventuell noch vorhandener Restwert werden von der Entschädi-gungsleistung abgezogen.

Totalentwendung – Pkw

A. 2.13 AKB 2008

Werden das entwendete Fahrzeug oder die entwendeten Gegenstände innerhalb eines Monats nach Eingang der Schadenanzeige wieder auf-gefunden, so muss der Versicherungsnehmer diese zurücknehmen. Ist zum Zeitpunkt des Wiederauffindens die **Monatsfrist** abgelaufen, gehen die Sachen in das Eigentum des Kaskoversicherers über und er veranlasst nun die Zahlung der Entschädigung.

Wenn das Fahrzeug innerhalb der Monatsfrist aufgefunden wird, erstat-tet der Versicherer dem Versicherungsnehmer

- den Schaden am Fahrzeug
- die Kosten einer Eisenbahnfahrkarte 2. Klasse zum Fundort (Hin- und Rückfahrt bis zu einer Höchstentfernung von 1.500 Eisenbahnkilome-tern). Voraussetzung ist jedoch, dass das Fahrzeug in einer Entfer-nung von mehr als 50 km (Luftlinie) vom Standort entfernt aufgefun-den wird.

▶ Beispiel

Der Pkw des in Osnabrück wohnenden Versicherungsneh-mers wird entwendet. Einige Tage später wird der Versiche-rungsnehmer von der Polizei davon in Kenntnis gesetzt, dass sein Fahrzeug in München (ca. 700 km Entfernung) wieder aufgefunden wurde. Der Versicherungsnehmer wird von einem Bekannten mit dessen Fahrzeug zum Fundort gefah-ren. Dort stellt er fest, dass sein Pkw, den er vor einem Jahr als Neufahrzeug vom Händler erworben hatte, einen Total-schaden erlitten hat. Er meldet das Kfz beim Straßenverkehrs-amt ab und lässt einige Tage später ein neues Fahrzeug wie-der zu.

Was zahlt der Kasko-Versicherer?

Lösung

Fahrtkosten zum Fundort

Der Versicherer ersetzt pauschal die Kosten für die Hin- und Rückfahrt einer Eisenbahnkarte der zweiten Klasse, auch wenn der Versicherungsnehmer nicht mit der Bahn gefahren ist.

Schaden am Fahrzeug

Der Versicherer zahlt den Wiederbeschaffungswert. Ein even-tuell noch vorhandener Restwert des beschädigten Fahrzeugs wird in Abzug gebracht. Die Selbstbeteiligung wird ebenfalls berücksichtigt.

Sonstige Kosten

Abmeldekosten, Zulassungskosten und Kosten für das Kennzeichen des neuen Fahrzeugs einschließlich TÜV- und ASU-Plakette, sowie die Überführungskosten (Transportkosten des neuen Kfz vom Hersteller zum Versicherungsnehmer) sind nicht vom Versicherungsschutz erfasst.

A. 2.16.1 AKB 2008

Teilentwendung – Radioanlage

Wenn die Radioanlage mitversichert ist, wird keine Unterversicherung bei der Entschädigungszahlung berücksichtigt. Der vom Alter der Anlage abhängige Wiederbeschaffungswert wird nach folgender Tabelle (Muster) berechnet:

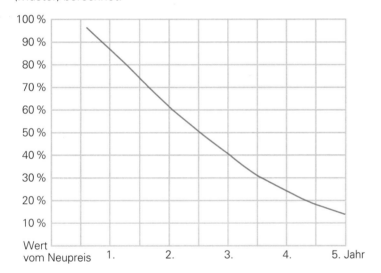

Reifenschäden

Die Beschädigung oder die Zerstörung der Bereifung wird grundsätzlich nur ersetzt, wenn gleichzeitig andere versicherungsschutzpflichtige Schäden (z. B. Türen zerkratzt) eingetreten sind. Wenn beispielsweise nur die Felgen mit Reifen entwendet werden (Verlust), besteht Versicherungsschutz.

A. 2.19.4 AKB 2008

LF 2

LF 11

LF 15

4.2.3 Nicht ersatzpflichtige Positionen

A. 2.16.1 AKB 2008

Veränderungen, Verbesserungen, Verschleißreparaturen, Wertminderung, Überführungskosten, Zulassungskosten, Nutzungsausfall, Mietfahrzeugkosten oder Treibstoff ersetzt der Versicherer nicht.

4.2.4 Zeitpunkt der Entschädigungszahlung

A. 2.17 AKB 2008

Nach den AKB muss die Entschädigung grundsätzlich innerhalb von zwei Wochen nach ihrer Feststellung gezahlt werden. Feststellung bedeutet, dass nicht nur die Schadenhöhe, sondern auch der Versicherungsschutz geprüft wurde. Im Falle der Entwendung wird die Entschädigung nach Ablauf der einmonatigen Wartefrist fällig unter der Voraussetzung, dass hier der Versicherungsschutz gegeben ist.

4.2.5 Doppelversicherung

§ 78 VVG

In der Kraftfahrtversicherung kann eine Doppelversicherung vorliegen, wenn der eingetretene Schaden nicht nur über eine bestehende Kaskoversicherung des Versicherungsnehmers, sondern beispielsweise auch über eine zum Schadenzeitpunkt bestehende Parkplatzversicherung (Schutz gegen Beschädigung von geparkten Fahrzeugen) abgedeckt ist. Weiterhin kann eine Doppelversicherung vorliegen, wenn das in Obhut einer Kfz-Werkstatt befindliche Fahrzeug, das kaskoversichert ist, vom Angestellten der Werkstatt während einer Fahrt beschädigt wird und gleichzeitig über eine „Kaskoversicherung der Werkstatt" für Kundenfahrzeuge im Rahmen einer Handel- und Handwerkversicherung abgesichert ist.

Sobald der Schaden reguliert ist, erfolgt ein Ausgleich der Versicherer im Innenverhältnis. Nach den Tarifbestimmungen wird der Vertrag des Versicherungsnehmers nicht belastet, wenn seine Kaskoversicherung aufgrund einer Doppelversicherung von einem anderen Versicherer in Anspruch genommen wird.

▶ Beispiel

Herr Fischer stellt seinen Pkw (VK mit 1.000 € SB) auf den vom Veranstalter eines Festes angemieteten Parkplatz ab. Als er nach 3 Stunden wieder zum Pkw kommt, stellt er fest, dass ein fremdes Fahrzeug die rechte Pkw-Seite beschädigt hat. Die Reparaturkosten betragen 1.800 €. Der Schaden wird vom Parkplatzversicherer in voller Höhe reguliert. Da für das beschädigte Kfz auch eine VK besteht, macht der Parkplatzversicherer beim VK-Versicherer Ansprüche gem. Doppelversicherung geltend.

Welchen Betrag kann der Parkplatzversicherer fordern?

Lösung

Die Entschädigungsleistung wird, entsprechend der max. Schadenzahlung der einzelnen Versicherer im Verhältnis zueinander, wie folgt aufgeteilt:

a) max. Leistung: Parkplatz-Versicherer   Vollkasko-Versicherer

1.800 €	1.800 €
− 0 € SB	− 1.000 € SB
1.800 €	800 €

b) Aufteilung nach Anteile:

Parkplatz-Versicherer 1.800 ➞ 18 ➞ 9
Vollkasko-Versicherer   800 ➞ 8 ➞ 4
                 2.600 ➞ 26 ➞ 13 Anteile = 1.800 €
                                        Schadenhöhe

Der Parkplatz-Versicherer muss 9 Anteile tragen:

$$\frac{1.800\ €}{13} \times 9 = 1.246,15\ €$$

Der Vollkasko-Versicherer muss 4 Anteile tragen:

$$\frac{1.800\ €}{13} \times 4 = 553,85\ €$$

Im Innenverhältnis muss der Vollkasko-Versicherer 553,85 € an den Parkplatz-Versicherer zahlen.

4.3   Einschränkungen des Kasko-Versicherungsschutzes

▶ Situation

Ihre Kundin hat ein großes Interesse am Motorsport. Einige Wochenenden im Jahr verbringt sie am Nürburgring und dort wurde sie auch schon im Rennauto mit auf die Nordschleife genommen. Nun denkt ihre Kundin darüber nach, ein eigenes Rennen zu organisieren. Das macht sie hellhörig – besteht denn auch Versicherungsschutz ?

▶ Erläuterung

In der Fahrzeugversicherung gilt grundsätzlich das „Alles-oder-nichts"-Prinzip. Danach erhält der Versicherungsnehmer den entstandenen Schaden in voller Höhe unter Berücksichtigung des versicherten Umfangs ersetzt, wenn zum Schadenzeitpunkt Versicherungsschutz besteht. Ist der Versicherungsschutz nicht gegeben, also eingeschränkt, erhält der Versicherungsnehmer keinerlei Zahlung. Die Entschädigungsleistung wird aber grundsätzlich auch dann gezahlt, wenn nicht der Versicherungsnehmer, sondern der von ihm abweichende Fahrer die Einschränkung allein zu vertreten hat. (Ausnahme: Repräsentant – wird am Ende des Kapitels behandelt.)

Der Versicherungsschutz ist in folgenden Fällen eingeschränkt:

- bei Risikoausschlüssen
- bei Rechtspflichtverletzungen
- bei Obliegenheitsverletzungen

4.3.1   Risikoausschlüsse in der Fahrzeugversicherung

In der Kaskoversicherung sind die Risikoausschlüsse, die vereinbart werden können, nicht vom Gesetzgeber vorgegeben.

Unterteilung der Risikoausschlüsse in der Kaskoversicherung

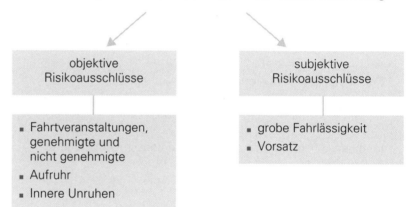

objektive Risikoausschlüsse	subjektive Risikoausschlüsse
■ Fahrtveranstaltungen, genehmigte und nicht genehmigte ■ Aufruhr ■ Innere Unruhen	■ grobe Fahrlässigkeit ■ Vorsatz

Objektive Risikoausschlüsse

A. 2.19.5 AKB 2008
A. 2.19.6 AKB 2008

Außer den in der Kraftfahrzeug-Haftpflichtversicherung genannten Risikoausschlüssen „Geltungsbereich" und „Kernenergie" gelten in der Kaskoversicherung noch die folgenden Abweichungen:

Fahrveranstaltungen

A. 2.19.3 AKB 2008

Alle Rennen, bei denen es auf die Erzielung einer Höchstgeschwindigkeit ankommt (auch nicht genehmigte Rennen, im Gegensatz zum Kraftfahrzeug-Haftpflicht-Bereich), sind vom Versicherungsschutz ausgeschlossen. Bei Geschicklichkeits- oder Orientierungsfahrten besteht Versicherungsschutz.

Aufruhr/innere Unruhen

Kein Versicherungsschutz besteht bei Schäden, die durch Aufruhr, innere Unruhen, Kriegsereignisse, Verfügung von hoher Hand oder Erdbeben unmittelbar oder mittelbar verursacht werden.

Subjektive Risikoausschlüsse

Durch die Neufassung des VVG im Jahr 2008 ist das „Alles-oder-nichts-Prinzip" entfallen. Auch im Fall der grob fahrlässigen Herbeiführung des Versicherungsfalls erhält der Versicherungsnehmer jetzt eine – entsprechend der Schwere des Verschuldens gekürzte – Leistung.

A. 2.19.5 AKB 2008

Grob fahrlässig i. S. d. § 81 Abs. 2 VVG handelt, wer die im Verkehr erforderliche Sorgfalt im hohen Maße außer Acht lässt und nicht beachtet, was unter den gegebenen Umständen des konkreten Einzelfalls jedem einleuchten müsste. Auch in subjektiver Hinsicht muss unter Berücksichtigung der personalen Seite der Verantwortlichkeit eine schlechthin unentschuldbare Pflichtverletzung festgestellt werden. Daran kann es insbesondere im Fall des Augenblicksversagens (Blackout) fehlen. Allerdings müssen in diesem Fall weitere in der Person des Handelnden liegende besondere Umstände hinzukommen, die den Grund des momentanen Versagens erkennen und in einem milderen Licht erscheinen ließen. Das wurde etwa dann angenommen, wenn der Versicherungsnehmer zunächst an einer Ampel angehalten hatte, dann durch einen Arbeitskollegen abgelenkt wurde und dann versehentlich davon ausging, die Ampel sei auf Grün umgesprungen oder wenn der Versicherungsnehmer angehalten hatte, er sich nach seinen Kindern umgedreht hatte und wegen eines Hupsignals dachte, die Ampel sei auf Grün umgesprungen.

Kausalität

Nach § 81 Abs. 2 VVG muss der Versicherungsfall vom Versicherungsnehmer herbeigeführt sein. Dies bedeutet, dass zwischen dem Verhalten des Versicherungsnehmers und dem Eintritt des Versicherungsfalls Kausalität bestehen muss. Daran kann es dann fehlen, wenn der Versicherungsnehmer seine Papiere im Handschuhfach des gestohlenen Autos gelassen hat, die Papiere waren für den Dieb ja nicht sichtbar.

Kürzungsquote

Der Versicherer ist berechtigt, seine Leistung entsprechend der Schwere des Verschuldens des Versicherungsnehmers zu kürzen. Dabei können z. B. Gewicht und Dauer des Pflichtenverstoßes (Alkohol) oder eine etwaige Strafbarkeit des Verhaltens eine Rolle spielen.

▶ Beispiele

Schweißarbeiten am Kfz

Der Versicherungsnehmer beseitigt einen Schaden an der Unterseite seines Fahrzeugs in unmittelbarer Nähe der Benzinleitung durch Schweißen, ohne entsprechende Sicherheitsvorkehrungen getroffen zu haben. Dadurch gerät das Fahrzeug in Brand.

LF 2

LF 11

LF 15

Schlüsselaufbewahrung im Kfz

Wenn das entwendete Fahrzeug mit dem im Handschuhfach aufbewahrten Zweitschlüssel gefahren und dadurch die Entwendung erst ermöglicht wurde, liegt grobe Fahrlässigkeit vor.

Greifen nach heruntergefallenen Sachen

Wenn der Versicherungsnehmer beim Aufheben einer in den Fußraum gefallenen Cassette den Blick von der Fahrbahn abwendet und dadurch auf das Ende eines Fahrzeugstaus auffährt, handelt er grob fahrlässig.

Überfahren einer roten Ampel

Die grobe Fahrlässigkeit erfordert einmal einen Verstoß gegen die im Verkehr erforderliche Sorgfalt (objektiver Verstoß – z. B. Überfahren einer Rotampel) und ein subjektiv nicht entschuldbares Fehlverhalten, das erheblich über das gewöhnliche Maß hinausgeht (z. B. bewusstes Überfahren der roten Ampel, um die nächste Ampelkreuzung auch noch überqueren zu können).

Wenn der Fahrer dagegen kurzzeitig verkehrsbedingt abgelenkt war, begründet dieses Augenblicksversagen nach der Rechtsprechung kein subjektiv grob fahrlässiges Verhalten.

Das Überfahren einer roten Ampel rechtfertigt in der Regel eine Kürzung um 50 %.

Ist das Überfahren einer roten Ampel grob fahrlässig?

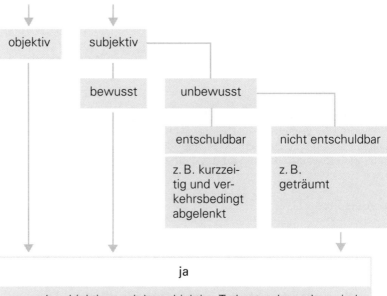

▶ Beispiel

Trunkenheitsfahrt

Bei absoluter Fahruntüchtigkeit, also bei Überschreitung des Grenzwerts von 1,1‰, liegt objektive und im Regelfall auch subjektive grobe Fahrlässigkeit vor. In diesem Fall ist nach dem Beweis des ersten Anscheins ein Kausalzusammenhang zwischen Fahruntüchtigkeit und Unfall anzunehmen. An einer Ursächlichkeit der Fahruntüchtigkeit kann es dann fehlen, wenn ein Reifen geplatzt ist oder der Unfallgegner eine rote Ampel überfahren hat, so dass auch ein Nüchterner den Unfall nicht hätte vermeiden können. Gelingt dem Versicherungsnehmer dieser Gegenbeweis nicht, ist der Versicherer bei absoluter Fahruntüchtigkeit grundsätzlich berechtigt, die Leistung um 100 % zu kürzen.

Bei relativer Fahruntüchtigkeit (0,3 bis 1,1‰) müssen weitere Indizien vorliegen, aus denen sich ergibt, dass der Versicherungsnehmer nicht sicher in der Lage war, das Fahrzeug zu führen. Das können typisch alkoholbedingte Fahrfehler (grundloses Abkommen von der Fahrbahn, Geradeausfahren in Rechtskurve) sein. In diesem Fall kann der Versicherer bereits ab 0,3‰ seine Leistung um 50 % kürzen.

▶ Hinweis – Grobe Fahrlässigkeit

Viele Kaskoversicherer verzichten gegenüber dem Versicherungsnehmer auf den Einwand der grob fahrlässigen Herbeiführung des Versicherungsfalls. Ausgenommen von diesem Verzicht sind

- die grob fahrlässige Ermöglichung der Fahrzeugentwendung oder seiner Teile und
- die Herbeiführung des Versicherungsfalls infolge des Genusses alkoholischer Getränke oder anderer berauschender Mittel.

LF 2

LF 11

LF 15

4.3.2   Rechtspflichten in der Kasko-Versicherung

Erstbeitrag und vorläufige Deckung

Abweichend zur Kraftfahrzeug-Haftpflichtversicherung gibt es in der Kasko folgende Regelung zu beachten:

> Möchte man nicht nur in der Kfz-Haftpflicht, sondern außerdem sofortigen Schutz einer Kaskoversicherung haben, ist es erforderlich, entweder für eine Teilkasko oder eine Vollkasko vorläufige Deckung bestätigt zu bekommen.
>
> Es genügt nicht, eine Kaskoversicherung lediglich zu beantragen. Denn der Antrag auf Kasko selbst bringt nicht den gewünschten sofortigen Versicherungsschutz. Den bringt erst und nur die zusätzliche Vereinbarung der vorläufigen Deckung. Die Versicherungsbestätigung beinhaltet zwar vorläufige Deckung, aber nur in der Kfz-Haftpflicht, nicht in der Kaskoversicherung. Für die Kaskoversicherung bedarf es also einer zusätzlichen Vereinbarung.

▶ Hinweis zum Erstbeitrag bei Fahrzeugwechsel

C. 5 AKB 2008

Wenn innerhalb von 6 Monaten, nachdem das Kfz veräußert wurde, ein Ersatzfahrzeug versichert wird, kann der Versicherer das Mahnverfahren für die hierfür geschuldete erste Prämie nur nach § 38 VVG durchführen, auch wenn der Erstbeitrag für das Vorfahrzeug noch unbezahlt ist. Für Schäden, die mit dem Erstfahrzeug verursacht werden, hat der Versicherungsnehmer Versicherungsschutz bis zum Ablauf der in der Mahnung gem. § 38 VVG aufgeführten 2-Wochenfrist.

4.3.3   Obliegenheiten in der Kaskoversicherung

Gesetzliche Obliegenheiten vor dem Versicherungsfall

§ 23 VVG
§ 24 VVG
§ 26 VVG

Gefahrerhöhung

Die Obliegenheit ist identisch mit der im Kraftfahrzeug-Haftpflicht-Bereich einschließlich der Voraussetzungen (Verschulden und Kausalität)

Vertragliche Obliegenheiten vor dem Versicherungsfall

Verwendungsklausel und Führerscheinklausel

D. 1 AKB 2008

Auch diese Obliegenheiten sind mit denen in der Kraftfahrzeug-Haftpflichtversicherung einschließlich der Voraussetzungen (Verschulden, Kausalität und Kündigung) identisch.

Vorübergehende Stilllegung

Ergänzend zur Kraftfahrzeug-Haftpflichtversicherung hat der Versicherungsnehmer, falls vor der Stilllegung eine Teil- oder Vollkasko bestanden hat, auch Versicherungsschutz im Rahmen des Teilkaskoumfanges, wenn er das Fahrzeug nicht außerhalb des Einstellplatzes oder umfriedeten Abstellplatzes benutzt. Beträgt die Dauer der Unterbrechung mehr als 18 Monate, endet der Vertrag nach 18 Monaten, ohne Kündigung durch den Versicherungsnehmer oder Versicherer.

H. 1.1 AKB 2008

LF
2

LF
11

LF
15

Gesetzliche Obliegenheiten im/nach dem Versicherungsfall

Anzeigepflicht

E. 1.1 AKB 2008

Der Versicherungsnehmer muss einen Kaskoschaden nicht melden, wenn er seine Fahrzeugversicherung nicht in Anspruch nehmen möchte.

Auskunftspflicht, Schadenminderungs- und Schadenabwendungspflicht

E. 1.6 AKB 2008

Diese Obliegenheiten sind identisch mit denen in der Kraftfahrzeug-Haftpflichtversicherung.

Vertragliche Obliegenheiten im/nach dem Versicherungsfall

Aufklärungs- und Schadenminderungspflicht

E. 1.6 AKB 2008

Der Versicherungsnehmer verliert den Versicherungsschutz, wenn er beispielsweise falsche Angaben zum Fahrzeugzustand, Kilometerleistung und Unfallhergang macht oder falsche Belege (Kaufbelege usw.) einreicht.

Erlaubnis einholen

Vor Beginn der Wiederinstandsetzung des beschädigten Fahrzeugs hat der Versicherungsnehmer die Erlaubnis des Kasko-Versicherers einzuholen, soweit ihm dieses zugemutet werden kann.

E. 3.3 AKB 2008

Polizeiliche Meldung

Übersteigt ein Entwendungs-, Brand- oder Wildschaden den Betrag von 500 €, so hat der Versicherungsnehmer auch die Polizeibehörde zu informieren. Ein vom Versicherungsnehmer selbst verschuldeter Unfallschaden am Fahrzeug muss dagegen nicht der Polizei gemeldet werden, soweit kein Dritter geschädigt wurde. Auch die mut- oder böswillige Beschädigung durch Dritte muss nicht der Polizei gemeldet werden.

Voraussetzungen für die Leistungsfreiheit

D. 3 AKB 2008

Die Voraussetzungen „Vorsatz" oder „Grobe Fahrlässigkeit und Kausalität" müssen vorliegen, wenn der Versicherer leistungsfrei sein will (siehe auch letzter Absatz vor 3.11).

4.3.4 Fahrer beschädigt Fahrzeug des Versicherungsnehmers

▶ Beispiel – Fehlende Fahrerlaubnis

Der Freund des Versicherungsnehmers leiht sich dessen Fahrzeug aus und verursacht schuldhaft einen Unfall, bei dem das Versicherungsnehmer-Fahrzeug erheblich beschädigt wird. Dabei stellt sich heraus, dass ihm die Fahrerlaubnis vor einigen Monaten entzogen wurde.

Wird der Schaden am Pkw des Versicherungsnehmers ersetzt?

Lösung

Da es in der Fahrzeugversicherung keine mitversicherten Personen gibt, wie wir sie aus dem Kraftfahrzeughaftpflicht-Bereich kennen, hat der Fahrer auch keine Obliegenheiten zu erfüllen. Er kann aber vom Kaskoversicherer für den verursachten Schaden regresspflichtig gemacht werden. Der Versicherungsnehmer hat grundsätzlich Versicherungsschutz, wenn er keine Obliegenheit verletzt hat. Der Versicherer reguliert den Kaskoschaden an den Versicherungsnehmer.

Ausnahme – Kenntnis

Wenn der Versicherungsnehmer von der „Obliegenheitsverletzung des Fahrers" Kenntnis hatte bzw. hätte haben müssen, wird ihm das Verhalten des Fahrers wie eigenes Verhal-

ten angerechnet. Da sich der Versicherungsnehmer grundsätzlich davon überzeugen muss, ob der Fahrer, dem er das
Fahrzeug übergibt, die entsprechende Fahrerlaubnis besitzt,
muss er sich im o. g. Beispiel die Obliegenheitsverletzung zu-
rechnen lassen. Er hat somit keinen Versicherungsschutz in
der Fahrzeugversicherung. Der Versicherer ist leistungsfrei
gemäß AKB.

▶ Beispiel – Zweitwagenregelung

Häufig wird auf den Namen des Vaters ein Fahrzeug zugelassen und versichert, das aber tatsächlich dem Sohn gehört. Der
Sohn ist dann als Repräsentant des Versicherungsnehmers
anzusehen mit der Folge, dass der Versicherungsnehmer sich
das Verhalten des Repräsentanten in vollem Umfang zurech-
nen lassen muss.

Es ist auch nicht nachvollziehbar, warum der eigentliche Eigentümer, beispielsweise bei Obliegenheitsverletzungen oder
Risikoausschlüssen (Fahren im alkoholisierten Zustand), durch
das Zwischenschalten einer anderen Person als Vertragspartner (Versicherungsnehmer) des Versicherers, im Schadenfall
besser gestellt sein sollte und eine Entschädigung erhalten
würde.

Ausnahme – Repräsentant

Der Begriff Repräsentant ist vor Jahrzehnten durch die Rechtsprechung entwickelt worden. Hierunter sind Personen zu
verstehen, die in dem Geschäftsbereich, zu dem das versicherte Fahrzeug gehört, aufgrund eines Vertretungsverhältnis-
ses anstelle des Versicherungsnehmers die Obhut über das
Fahrzeug ausüben. Es sind also Personen, denen das Fahrzeug für längere Zeit in alleiniger Obhut gegeben wurde und
die mit einem Versicherungsnehmer gleichzusetzen sind.

4.4 Regress des Kasko-Versicherers

▶ Situation

Frau Daubert arbeitet als Sachbearbeiterin und kümmert sich dort um
Regressfälle in der Kraftfahrtschadenabteilung. Sie soll in den nächsten
Monaten Herrn Weise in den Arbeitsprozess einarbeiten. Er stellt ihr
die Frage, ob nach einem Schadenfall in der Kraftfahrtversicherung
überhaupt ein Regress möglich ist. Er bittet sie darum, ihm dies an Beispielen zu erläutern.

▶ Erläuterung

§ 86 VVG

Wenn der Versicherer gegenüber dem Versicherungsnehmer nicht leistungsfrei ist und eine Entschädigung gezahlt hat, so geht der Anspruch des Versicherungsnehmers gegenüber dem Verursacher (z. B. Fahrer des Versicherungsnehmer-Fahrzeugs) auf den Versicherer über (§ 86 VVG). Dieser kann dann den Verursacher in Regress nehmen und die Entschädigungsleistung zurückfordern.

▶ Beispiel

Der Freund des Versicherungsnehmers leiht sich dessen Pkw für 2 Tage aus. Ohne Wissen des Versicherungnehmers fährt der Fahrer am zweiten Tag mit mehr als 1,1 ‰ BAK, gerät von der Fahrbahn und rutscht in den Straßengraben. Dabei wird der Pkw des Versicherungsnehmers Meier erheblich beschädigt. Herr Meier nimmt seine Vollkasko in Anspruch. Der Kasko-Versicherer nimmt gem. § 86 VVG in voller Höhe Regress.

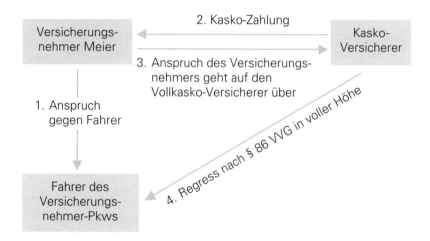

4.4.1 Regress gegenüber dem Fahrer des Fahrzeugs des Versicherungsnehmers

Forderungsübergang

▶ Beispiel

Der Freund des Versicherungsnehmers, der sich das Fahrzeug ausleiht, kommt von der Fahrbahn ab, prallt gegen eine Hauswand. Dabei wird der Pkw erheblich beschädigt. Als Ursache stellt die Polizei eine Blutalkoholkonzentration von mehr als 1,1 ‰ fest.

Kann der Kaskoversicherer, der den Schaden gegenüber seinem Versicherungsnehmer reguliert, Regress nehmen?

Nach **§ 86 VVG** liegt ein gesetzlicher Forderungsübergang vor. Der Anspruch des Versicherungsnehmers gegen den Verursacher ist auf den Kasko-Versicherer übergegangen. Der Versicherer kann den berechtigten Fahrer bzw. den Entleiher nur dann in Regress nehmen, wenn dieser den Versicherungsfall vorsätzlich oder grob fahrlässig herbeigeführt hat. Im v. g. Beispiel sind die Voraussetzungen gegeben, da das Fahren eines Kfz ab 1,1 ‰ grob fahrlässig ist. Wenn dagegen ein unberechtigter Fahrer (Schwarzfahrer) den Schaden verursacht, kann der Versicherer auch bei Schäden, die durch einfache Fahrlässigkeit verursacht werden, Regress nehmen.

LF
2

§ 86 VVG

LF
11

A. 2.18 AKB 2008

LF
15

Häusliche Gemeinschaft

Wie im o. g. Beispiel verursacht nicht der Freund, sondern der Ehepartner des Versicherungsnehmers mit mehr als 1,1 ‰ den Schaden. Kann der Versicherer den Ehepartner in Regress nehmen?

Lebt der Fahrer mit dem Versicherungsnehmer in häuslicher Gemeinschaft und ist er ein Familienangehöriger, so ist die Regressmöglichkeit nach VVG ausgeschlossen; es sei denn, der Schaden wurde vorsätzlich verursacht. Wird dagegen der Schaden von der Lebensgefährtin, mit der der Versicherungsnehmer in eheähnlicher Gemeinschaft lebt, verursacht, kann der Versicherer Regress nehmen, da die Lebensgefährtin nicht als Familienangehörige angesehen wird.

§ 86 VVG

▶ Beispiel

Der Versicherungsnehmer befindet sich mit seiner Ehefrau auf einer Flugreise. Sein Pkw steht zu Hause in der Garage. Christian, der 16-jährige Sohn nutzt diese Gelegenheit erstmals, um mit dem Pkw seinen Freund zu besuchen. Er nimmt den Fahrzeugschlüssel und startet den Pkw. Auf der Bundesstraße gerät das Kfz aufgrund überhöhter Geschwindigkeit von der Fahrbahn und prallt gegen einen Baum. Am vollkaskoversicherten Pkw (Selbstbehalt 300 €, einschließlich Teilkasko ohne Selbstbehalt) entsteht ein Schaden von 20.000 €.

Erhält der Versicherungsnehmer eine Entschädigung aus der Kaskoversicherung (Vollkasko oder Teilkasko)?

Lösung

Da der Fahrer in der Kaskoversicherung keine mitversicherte Person ist, wird zuerst geprüft, ob der Versicherungsnehmer als Vertragspartner des Versicherers dem Sohn das Kfz übergeben hatte bzw. diese Fahrt von ihm geduldet wurde. Darüber hinaus wird geprüft, ob der Sohn als Repräsentant des

Versicherungsnehmers zu sehen ist. Dieses trifft hier schon aufgrund des Alters (16 Jahre) nicht zu. Somit hat der Versicherungsnehmer Versicherungsschutz. Da dieser Schaden nicht nur über eine Vollkaskoversicherung abgedeckt ist, sondern auch im Rahmen der Teilkasko nach A. 2.2.2 AKB 2008 über die Position „Unbefugter Gebrauch durch beriebsfremde Personen" ersatzpflichtig ist, zahlt der Kfz-Versicherer 20.000 € als Teilkaskoschaden. Der Kfz-Vertrag wird in der Kaskoversicherung nicht belastet und im nächsten Jahr nicht zurückgestuft.

Nach § 67 VVG ist die Forderung des Versicherungsnehmers gegen den verursachenden Fahrer mit dieser Zahlung auf den Kaskoversicherer übergegangen. Dieser kann nun versuchen, den Verursacher in Regress zu nehmen. Dabei muss er aber beachten, dass ein Kasko-Regress gegen Personen, die mit dem Versicherungsnehmer in häuslicher Gemeinschaft leben und darüber hinaus als Familienmitglied anzusehen sind, ausgeschlossen ist. Der Regress ist in vergleichbaren Fällen möglich, wenn das Familienmitglied den Schaden vorsätzlich herbeigeführt hätte.

▶ Beispiel – Nachbar

Der Nachbar des Versicherungsnehmers leiht sich dessen Fahrzeug aus und verursacht durch leichte Unaufmerksamkeit (einfache Fahrlässigkeit) einen Auffahrunfall, bei dem auch das Versicherungsnehmer-Fahrzeug beschädigt wird.

Kann der Kaskoversicherer den Fahrer in Regress nehmen?

A. 2.18 AKB 2008   Die Ansprüche gehen grundsätzlich auf den Versicherer über. Wenn der Fahrer berechtigt war, das Fahrzeug zu benutzen und der Versicherungsfall (Schaden) nicht vorsätzlich oder durch grobe Fahrlässigkeit entstanden ist, sondern durch einfache Fahrlässigkeit, besteht keine Regressmöglichkeit.

▶ Beispiel – Nachbar und Unfallflucht

Der Nachbar des Versicherungsnehmers verursacht wie im o. g. Fall einen Unfall mit Fremdschaden durch leichte Unaufmerksamkeit und entfernt sich anschließend vom Unfallort.

Kann der Kaskoversicherer den Fahrer in Regress nehmen?

Die Ansprüche des Versicherungsnehmers sind auf den Versicherer übergegangen. Es besteht jedoch keine Regressmöglichkeit, wenn der berechtigte Fahrer den Schaden durch einfache Fahrlässigkeit verursacht hat. Die anschließende Unfallflucht hat lediglich strafrechtliche Auswirkungen. Beim unberechtigten Fahrer (Dieb) hingegen ist die Regressmöglichkeit immer gegeben.

▶ Beispiel

für Regressprüfung gegenüber dem Fahrer des Versicherungsnehmer-Fahrzeugs bei Fahrten ohne Führerschein bzw. bei Alkoholfahrt:

LF
2

LF
11

LF
15

Hat der Versicherungsnehmer gewusst bzw. hätte er wissen müssen, dass
der Fahrer eine Obliegenheit verletzt oder die Voraussetzungen für einen
Risikoausschluss gem. § 81 VVG (Vorsatz/grobe Fahrlässigkeit) erfüllt?

| Hatte der Versicherungsnehmer Kenntnis? | ja | Keine Entschädigungsleistung, da dem Versicherungsnehmer die Verletzung zuzurechnen ist und er somit keinen Versicherungsschutz hat. |

nein

| War der Fahrer Repräsentant? | ja | Keine Entschädigungsleistung, da der Versicherungsnehmer sich das Verhalten seines Repräsentanten anrechnen lassen muss. |

nein   Zahlung erfolgt an den Versicherungsnehmer

Regress gem. § 86 Absatz 1 VVG ist grundsätzlich möglich

Inhalt des § 86 Absatz 1 VVG	Inhalt des § 86 Absatz 3 VVG
Wenn der Versicherungsnehmer gegen den Verursacher einen Schadenersatzanspruch hat, geht dieser auf den Kaskoversicherer über, sobald der den Schaden des Versicherungsnehmers entschädigt hat.	Kein Regress, wenn der Verursacher ▪ ein **Familienmitglied** ist und ▪ mit dem Versicherungsnehmer in **häuslicher Gemeinschaft** lebt Ausnahme: Schaden vorsätzlich verursacht

A. 2.18 AKB prüfen	**Berechtigter Fahrer**
	Kein Regress, wenn der Versicherungsfall nur durch einfache Fahrlässigkeit verursacht wurde.
Unberechtigter Fahrer	Siehe Beispiel – Nachbar und Unfallflucht
Regress ist immer möglich.	

4.4.2   Regress gegenüber anderen Verursachern

§ 86 VVG

Wird das Fahrzeug des Versicherungsnehmers durch einen anderen Verkehrsteilnehmer oder beim Pkw-Aufbruch von Unbekannten beschädigt, kann der Versicherer, soweit er dem Versicherungsnehmer den Schaden im Rahmen der Kaskoversicherung ersetzt hat, den Verursacher in Regress nehmen. Die Regelung in A. 2.18 AKB 2008 bleibt unberücksichtigt, da nicht der Fahrer des Versicherungsnehmer-Fahrzeugs, sondern ein „außenstehender" Verursacher verantwortlich ist.

▶ Beispiel anderer Verursacher

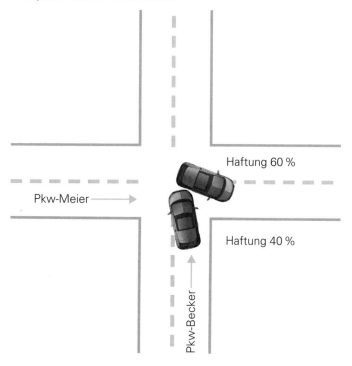

Schadenhergang

Der Versicherungsnehmer Meier beachtet an einer Straßenkreuzung die Vorfahrtregelung „rechts vor links" nicht und kollidiert mit dem von rechts kommenden Pkw des Anspruchstellers Becker.

Folge

Der Pkw des Versicherungsnehmers Meier wird bei dem Zusammenstoß erheblich beschädigt. Die Reparaturkosten betragen 5.000 €.

Haftung

Da Herr Becker die für den Unfallbereich geltende Geschwindigkeitsbeschränkung von 30 km/h erheblich überschritten hatte, beträgt sein Mitverschulden am Unfall 40 %. Der Versicherungsnehmer Meier haftet somit zu 60 % für den verursachten Schaden.

Schadenregulierung

Aufgrund der Haftungsteilung nimmt der Versicherungsnehmer-Meier vorab seine Vollkasko in Anspruch. Der Vollkasko-Versicherer rechnet den Schaden wie folgt ab:

Reparaturkosten: 5.000 €
            − 500 € (Selbstbeteiligung)
            _____
            4.500 €

Regress und Forderungsübergang

Nach § 86 VVG ist der Anspruch, den der Versicherungsnehmer Meier gegenüber dem Mitverursacher hatte (40 % des Fahrzeugschadens = 2.000 €), auf den Vollkasko-Versicherer übergegangen.

Kann der VK-Versicherer vom Kraftfahrzeug-Haftpflichtversicherer des Mitverursachers Becker den Betrag von 2.000 € fordern?

Lösung

Er kann den Kraftfahrzeug-Haftpflichtversicherer in Regress nehmen, muss aber bei der Forderungshöhe berücksichtigen, dass sein Versicherungsnehmer Meier noch einen Restanspruch gegen den Kraftfahrzeug-Haftpflichtversicherer geltend machen kann. Dieser Restanspruch bezüglich des Fahrzeugschadens besteht in Höhe von 500 € (Selbstbeteiligung). Der Vollkasko-Versicherer kann vom Kraftfahrzeug-Haftpflichtversicherer noch 1.500 € im Rahmen des Regresses nach Sach- und Rechtslage fordern.

LF 2

LF 11

LF 15

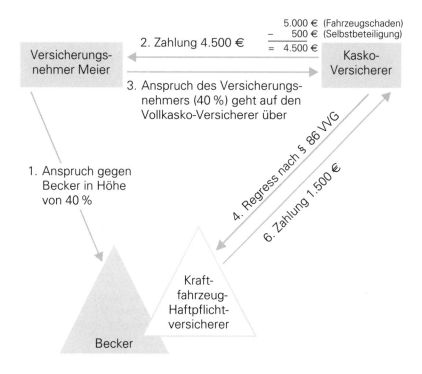

5. max. Zahlung des Kraftfahrzeug-Haftpflichtversicherers: 40 %

$$
\begin{array}{rl}
& 2.000\,€ \\
- & 500\,€ \quad \text{(Restanspruch des Versicherungsnehmers Meier)} \\
\hline
= & 1.500\,€
\end{array}
$$

▶ **Hinweis**

Weitere Informationen finden Sie im Kapitel „5. Quotenvorrecht (QV) bzw. Differenztheorie".

Übungen

1. Ein Marder hat über Nacht im Motorraum des abgestellten Pkw des Versicherungsnehmers einige Kabel und Schläuche angebissen. Durch einen dadurch verursachten Kurzschluss wurde der Pkw nach vorn gegen die Carportwand gedrückt. Die Stoßstange wurde dabei beschädigt.

   Hat der Versicherungsnehmer in der Teilkasko für alle Schäden Versicherungsschutz?

2. Erläutern Sie die Entschädigungsberechnung bei Entwendung einer Radioanlage, wenn der Versicherungsnehmer die Zahlung der vom Versicherer verlangten Prämie für die zuschlagspflichtigen Teile abgelehnt hat.

3. In der letzten Nacht wurden alle vier Felgen mit Reifen vom Kfz des Versicherungsnehmers Fischer abgeschraubt und entwendet. Der Schaden beträgt insgesamt 2.200 €.

   Erhält der Versicherungsnehmer den Schaden ersetzt, wenn keine weiteren Schäden eingetreten sind?

   Kann der Versicherungsnehmer, der eine Teilkasko ohne Selbstbeteiligung abgeschlossen hat, den gesamten Betrag geltend machen?

4. Durch den Brand einer Reifenhandlung entsteht eine starke Rauchentwicklung, die sich teilweise auf das in etwa 1 km entfernt parkende Kfz des Versicherungsnehmers niederschlägt. Am nächsten Morgen will Herr Vogel sein Kfz starten und stellt fest, dass durch die Heizungsanlage dunkle ölige Fäden und Rückstände ins Fahrzeuginnere gelangen und die Sitzpolster beschmutzen. Er lässt den Schaden durch eine Spezialreinigung beseitigen und verlangt die Kosten von seinem Teilkaskoversicherer ersetzt.

   Ist der Schaden ersatzpflichtig?

5. Während der Fahrt fliegt ein Fasan in die Frontscheibe.

   Hat der Versicherungsnehmer im Rahmen der Teilkasko Versicherungsschutz?

6. Durch einen Kurzschlussschaden werden am Pkw der Frau Meier der Anlasser, die Lichtmaschine und die Kabelverbindung vom Motorraum zum Armaturenbrett (Kabelbaum) so stark beschädigt, dass die Teile erneuert werden müssen.

   Welchen Schadenersatzanspruch hat Frau Meier?

7. Herr Wolf nimmt nachts an einer privat veranstalteten Rennver-
   anstaltung (nicht genehmigtes Rennen) auf einer Bundesstraße
   teil. Dabei verliert er die Gewalt über sein Fahrzeug und prallt
   gegen eine Straßenlaterne. An seinem Kfz entsteht ein Schaden
   von 3.000 €.

   Hat Herr Wolf im Rahmen der Vollkaskoversicherung Versicherungsschutz?

8. Wie ist die Einschränkung des Versicherungsschutzes in der
   Kaskoversicherung geregelt, wenn der Versicherungsnehmer
   zum Schadenzeitpunkt alkoholisiert war?

9. Der 14-jährige Sohn des Herrn Schröder nimmt während der Abwesenheit des Versicherungsnehmers erstmals die Fahrzeugschlüssel und macht eine Spritztour. Dabei wird die Ölwanne
   durch einen auf der Straße liegenden Gegenstand aufgerissen
   und der Motor total beschädigt.

   Wie wird der Versicherer den Schaden abschließend bearbeiten?

10. Ihre Kundin, Frau Karla Künstler, meldet Ihnen folgenden Schaden:

    „Mein Autoradio wurde gestohlen. Ich hatte den Pkw vor
    meinem Urlaub stillgelegt, weil ich ihn verkaufen wollte.
    Deshalb fuhr ich ihn auch zu einem Bekannten, der eine
    Tankstelle besitzt, um das Auto dort auf dem Parkplatz der
    Tankstelle abzustellen. Da an einer Tankstelle bekanntlich viel
    Betrieb ist, erhoffte ich mir, dass mein Bekannter das Fahr-
    zeug für mich während meines Urlaubes verkaufen könnte.
    Dies war aber nicht der Fall. Stattdessen wurde das Fahrzeug
    aufgebrochen und das Radio samt Lautsprechern entwen-
    det."

    Der Schaden an dem Auto beläuft sich auf:

    Radio   740 €
    Lautsprecher   300 €
    Seitenfenster inkl. Einbau   500 €

    Das Fahrzeug ist wie folgt versichert: Haftpflicht mit unbegrenz-
    ter Deckung, Teilkasko mit 150 € SB, Stilllegung seit 17.4.2012

    Erläutern Sie Frau Künstler die Schadenregulierung.

11. Sie sind Mitarbeiter/-in der Leistungsabteilung Kraftfahrtversicherung der Proximus Versicherung AG. Herr Maximilian Lüdenscheid meldet Ihnen telefonisch einen Kaskoschaden:

> „Als ich heute Morgen zur Arbeit fahren wollte, bemerkte ich eine rosafarbene Pfütze unter meinem Fahrzeug in der Garage. Bei einem Blick unter die Motorhaube stellte ich fest, dass der Kühlwasserschlauch kleine Löcher aufweist, die dem Anschein nach von einem Marder verursacht wurden. Ich wollte zu meiner Vertragswerkstatt fahren, um einen neuen Schlauch einbauen zu lassen. Auf dem Weg dorthin blieb das Fahrzeug aber mit einem Motorschaden liegen. Da ich bei Ihnen gegen Marderbiss versichert bin, bitte ich Sie um Regulierung des Schadens."

Das Fahrzeug ist wie folgt versichert: Haftpflicht mit unbegrenzter Deckung, Vollkasko mit 300 € SB, Teilkasko mit 150 € SB

Regulieren Sie den Schaden.

12. Vom Versicherungsnehmer Benjamin Straudt, 19 Jahre, versichert seit 9 Monaten in Haftpflicht und Vollkasko (300 SB; Teilkasko 150 SB) ohne Nachlässe, liegt Ihnen folgende Schadenschilderung durch den Außendienst vor:

Während er sich für 2 Wochen in den Ferien auf Mallorca befand, vermietete er seinen Pkw zur Aufbesserung seiner Urlaubskasse an seinen Freund Sebastian Birken. Für die zwei Wochen einigten sich die beiden auf 500 € zuzügl. Benzinkosten. Während dieser Zeit verursachte Sebastian Birken mit dem Fahrzeug einen Unfall. Er fuhr an einer roten Ampel auf einen stehenden Pkw auf und schob diesen auf dessen Vordermann. Der Schaden an den beiden Fahrzeugen beträgt 16.500 €, der Schaden am Fahrzeug von Benjamin Straudt beträgt 6.700 €.

Herr Straudt reicht nun alle erforderlichen Rechnungen ein und bittet um Erstattung der entstandenen Schäden.

Regulieren Sie den Schaden und begründen Sie Ihre Entscheidung.

13. Sie sind Mitarbeiter/-in der Abteilung Kraftfahrzeugkaskoschäden der Proximus Versicherung AG und bearbeiten den abgebildeten Brief Ihres Versicherungsnehmers Bernhard Klitta, der eine Teilkaskoversicherung mit 150 € Selbstbeteiligung hat.

LF
2

LF
11

LF
15

Bernhard Klitta   25. November 2011
Markt 18
29221 Celle

Proximus Versicherung AG
Theresienstraße 7
80333 München

Sehr geehrte Damen und Herren,

ich habe Ihnen schon vor 2 Wochen gemeldet, dass mein Pkw in der Nacht zum 6. November 2011 vor meinem Haus gestohlen wurde. Ich habe von Ihnen bis heute kein Geld erhalten, obwohl ich eine Teilkaskoversicherung habe und alle geforderten Unterlagen (Schadenanzeige, Schlüssel, Versicherungsschein) schon am 8. November an Sie gesandt habe.

Bitte überweisen Sie nun unverzüglich den entsprechenden Wert meines 5 Jahre alten Fahrzeuges auf mein Ihnen bekanntes Konto.

Ich benötige dringend mein Fahrzeug! Außerdem habe ich die Möglichkeit, bereits übermorgen einen gleichwertigen Wagen zu erwerben, der beim Autohaus König steht.
Ich warte auf Ihre baldige Überweisung.

Bernhard Klitta

Prüfen Sie den Anspruch von Herrn Klitta.

14. Ihr Versicherungsnehmer Jürgen Brenner teilt Ihnen Folgendes mit:

> „Ich parkte mein schwarzes Cabrio gestern am Rande eines Waldes, um einen Spaziergang zu machen. Als ich zurückkam, sah ich noch, dass Wildschweine gegen mein Auto liefen. Die Beifahrertür wurde dadurch eingebeult und zerkratzt. Der Schaden beträgt ca. 1.800 €. Bitte überweisen Sie den Betrag auf mein Konto."

Für Herrn Brenner besteht eine Kraftfahrthaftpflicht-Versicherung mit unbegrenzter Deckung und eine Teilkaskoversicherung mit 150 € Selbstbeteiligung.

Antworten Sie Herrn Brenner.

15. Der Nachbar des Versicherungsnehmers Stefan Peters leiht sich den Pkw des Versicherungsnehmers für einen Tag. Am Abend verursacht er einen Verkehrsunfall, als er auf einer Landstraße mit einem entgegenkommenden Pkw kollidiert. Es lässt sich nicht mehr klären, wer die Fahrbahnmitte überfahren hat. Die Polizei stellt am Unfallort fest, dass die Blutalkoholkonzentration des Versicherungsnehmer-Fahrers über 1,1 ‰ liegt. Durch den Unfall entsteht dem Versicherungsnehmer folgender Schaden:

LF
2

LF
11

LF
15

- Fahrzeugschaden: 7.500 €
- Mietwagenkosten: 700 €
- Abschleppkosten: 250 €
- Kostenpauschale: 20 €
- Gutachterkosten: 400 €
- Wertminderung: 600 €
- Anwaltskosten: 550 €

Stefan Peters meldet den Schaden zunächst seiner Vollkasko-versicherung, die er mit einer Selbstbeteiligung von 500 € abgeschlossen hat.

a) Nehmen Sie bitte Stellung zur Frage des Versicherungsschutzes und der Regressmöglichkeit, sowie der Regresshöhe. Nennen Sie dabei auch die Rechtsgrundlagen.

b) Welche Leistung erhält der Versicherungsnehmer von seinem Kasko-Versicherer?

5. Quotenvorrecht (QV) bzw. Differenztheorie

▶ Situation

Ihr Nachbar hatte seiner Versicherung vor einiger Zeit einen Schaden gemeldet. Er ist sich sicher, den Schaden ordnungsgemäß gemeldet zu haben und sich daher keiner Schuld bewusst. Nun wird ihm eine Mitschuld angelastet. Daher bekommt er seinen Schaden nur zum Teil erstattet. Er fragt Sie, wie sich dies berechnet und ob es Möglichkeiten gibt, dass sein Schaden komplett reguliert wird.

▶ Erläuterung

Das Quotenvorrecht ist eine Berechnungsformel zur Feststellung der Entschädigungshöhe, die der Geschädigte beispielsweise noch von seinem Vollkaskoversicherer fordern kann, nachdem der Kraftfahrzeug-Haftpflichtversicherer des Unfallverursachers nur einen Teil gezahlt hat, weil der Geschädigte den Unfall mitverschuldet hat.

Diese Differenztheorie wird auch dann angewandt, wenn der Geschädigte aufgrund der Haftungsteilung zunächst seine Vollkasko in Anspruch genommen hat und anschließend die Höhe seines Restanspruchs gegenüber dem Kraftfahrzeug-Haftpflichtversicherer des Unfallbeteiligten ermitteln möchte.

▶ Beispiel 1

Herr Fischer befährt eine schmale Straße und kollidiert mit dem entgegenkommenden Pkw Müller. Die Beteiligten beschuldigen sich gegenseitig, den Schaden verursacht zu haben. Unfallspuren oder unbeteiligte Zeugen sind nicht vorhanden.

Am Fahrzeug Fischer entsteht folgender Schaden:

▪ Reparaturkosten lt. Rechnung	5.000 €
▪ Abschleppkosten	200 €
▪ Mietwagenkosten	1.500 €
▪ Sachverständigenkosten	150 €
▪ Wertminderung	100 €
▪ Kostenpauschale	20 €
▪ Schmerzensgeld	500 €
▪ Rechtsanwaltskosten	400 €
	7870 €

Für das Fahrzeug Fischer besteht eine Vollkasko mit 500 € Selbstbeteiligung. Aufgrund des Mitverschuldens von 50 % stellt Herr Fischer folgende Fragen:

a) Welche Kosten werden mir erstattet, wenn ich den Vollkasko-Versicherer zuerst und anschließend den Kraftfahrzeug-Haftpflichtversicherer in Anspruch nehme?

b) Welche Entschädigungsleistungen erhalte ich, wenn der Kraftfahrzeug-Haftpflichtversicherer zuerst und anschließend der Vollkasko-Versicherer reguliert?

Lösung zu a)

Berechnung des Vollkasko-Versicherers

Reparaturkosten	5.000 €
Abschleppkosten	200 €
	5.200 €
abzüglich Selbstbehalt	− 500 €
	4.700 €

Herr Fischer erhält von seinem Vollkasko-Versicherer 4.700 €.

▶ **Hinweis**

Nach einem BGH-Urteil hat der Geschädigte in den Fällen, in denen eine Haftungsteilung vorliegt und er den Schaden bei seinem Kaskoversicherer **und** dem Kraftfahrzeug-Haftpflichtversicherer des Verursachers geltend macht, Anspruch auf Ersatz der folgenden Positionen in **voller** Höhe:

1. Fahrzeugschaden	3. Sachverständigenkosten
2. Abschleppkosten	4. Wertminderung

Diese Schadenpositionen, die dem Schaden unmittelbar, d. h. direkt zugeordnet sind, werden auch als „kongruente" Positionen bezeichnet, alle anderen als „nicht kongruente" Positionen.

Durch ein entsprechendes Berechnungsverfahren, das der jeweils nachrangig in Anspruch genommene Versicherer (hier der Kraftfahrzeug-Haftpflichtversicherer) berücksichtigen muss, soll die volle Regulierung dieser vier Positionen gewährleistet sein.

Der Kraftfahrzeug-Haftpflichtversicherer des Herrn Müller berechnet seine Entschädigungsleistung, nachdem Herr Fischer den Schaden seiner Vollkasko-Versicherung gemeldet hat, wie folgt:

Berechnung des Kraftfahrzeug-Haftpflichtversicherers

„kongruente" Position			„nicht kongruente" Position	
Fahrzeugschaden	5.000 €		Mietwagenkosten	1.500 €
Abschleppkosten	200 €		Schmerzensgeld	500 €
Sachverst.-Kosten	150 €		Kostenpauschale	20 €
Wertminderung	100 €		Rechtsanw.-Kosten	400 €
	5.450 €			2.420 €
– Vollkasko-Zahlung	– 4.700 €		– Mithaftung (50 %)	– 1.210 €
	750 €			1.210 €

Die „nicht kongruenten" Positionen soll der Geschädigte nur anteilig, d. h. entsprechend seiner Mithaftung (hier 50 %) vom Verursacher ersetzt bekommen.

Berechnung der Gesamtentschädigung des Herrn Fischer

VK-Versicherung	4.700 €
KH-Versicherer	750 €
	1.210 €
	6.660 €

Die eigene Mithaftung wirkt sich grundsätzlich nur bei der Entschädigungsberechnung der „nicht kongruenten" Positionen aus.

Lösung zu b)

Berechnung des Kraftfahr-zeug-Haftpflichtversicherers	
Reparaturkosten	5.000 €
Abschleppkosten	200 €
Mietwagenkosten	1.500 €
Sachverst.-Kosten	150 €
Wertminderung	100 €
Kostenpauschale	20 €
Schmerzensgeld	500 €
Rechtsanw.-Kosten	400 €
	7.870 €
– Mithaftung (50 %)	– 3.935 €
	3.935 €

Berechnung des Vollkasko-Versicherers	
„kongruente" Positionen	
Fahrzeugschaden	5.000 €
Abschleppkosten	200 €
Sachverst.-Kosten	150 €
Wertminderung	100 €
	5.450 €
– Vollkasko-Diffe-renz Quote 50 %	2.725 €

Der Kraftfahrzeug-Haftpflicht-versicherer hat bereits 50 % reguliert, mit der Folge, dass der Vollkasko-Versicherer noch die Differenz-Quote zu 100 % übernehmen muss (ebenfalls 50 %).

▶ Hinweis

Nachdem der Kraftfahrzeug-Haftpflichtversicherer in diesem Fall regu-liert hat, muss der Kasko-Versicherer nun das Berechnungsverfahren (Quotenvorrecht) bezüglich der „kongruenten" Positionen berücksichti-gen.

Berechnung der Gesamtentschädigung des Herrn Fischer

KH-Versicherung:	3.935 €
VK-Versicherung:	2.725 €
	6.660 €

Unabhängig von der Entscheidung des Geschädigten A, zuerst den Voll-kasko-Versicherer oder den Kraftfahrzeug-Haftpflichtversicherer in An-spruch zu nehmen, ist die Höhe der Gesamtentschädigung identisch.

Checkliste – Quotenvorrecht

„kongruente" Positionen	
1. Fahrzeugschaden	5.000 €
2. Abschleppkosten	200 €
3. Sachverständigenkosten	150 €
4. Wertminderung	100 €
Gesamtbetrag	**5.450 €**

a) Der Vollkasko-Versicherer zahlt zuerst

Berechnung des Vollkasko-Versicherers

Fahrzeugschaden (gem. AKB)		5.000 €
+ Abschleppkosten	+	200 €
– Abzüge „neu für alt"	–	–,– €
– Selbstbeteiligung	–	500 €
Vollkasko-Zahlung insgesamt		4.700 € an Geschädigten

Berechnung des Kraftfahrzeug-Haftpflichtversicherers („kongruente" Positionen)

„kongruente" Positionen	**5.450 €**
– Vollkasko-Zahlung	– 4.700 €
KH-Zahlung (kongruent)	750 € an Geschädigten

▶ **Hinweis**

Der Kraftfahrzeug-Haftpflichtversicherer zahlt auch bezügl. der kongruenten Positionen max. den %-Satz entsprechend seiner Haftungsquote.

Berechnung des Kraftfahrzeug-Haftpflichtversicherers („nicht kongruente" Positionen)

„nicht kongruente" Positionen	2.420 €
– davon %-Satz seiner Haftung	– 50 %
KH-Zahlung (nicht kongruent)	1.210 € an Geschädigten

b) Der Kraftfahrzeug-Haftpflichtversicherer zahlt zuerst

Berechnung des Kraftfahrzeug-Haftpflichtversicherers

Gesamtschaden	7.870 €
davon Haftungsquote des KH-VR –	50 %
KH-Zahlung (gesamt)	3.935 € an Geschädigten

Berechnung des Vollkasko-Versicherers

kongruente Positionen	5.450 €
Vollkasko-Differenz-Quote –	50 %
KH-Zahlung (kongruent)	2.725 € an Geschädigten

▶ **Hinweis**

Der Vollkasko-Versicherer zahlt max. seine bedingungsgemäße Leistung (Fz.-Schaden gem. AKB: 5.200 € abzügl. 500 € Selbstbehalt).

▶ Beispiel 2

Der Versicherungsnehmer Gerdes biegt innerhalb geschlossener Ortschaft nach links in die Frankfurter Straße ein. Dabei
kollidiert er mit dem gerade zum Überholen ansetzenden Pkw
Jasper. Die Haftungsverteilung erfolgt unter Berücksichtigung
des Verhaltens des Versicherungsnehmers, der der zweiten
Rückschaupflicht nicht nachgekommen ist und des Verhaltens
des Beteiligten Jasper, der innerhalb geschlossener Ortschaft
im Kreuzungsbereich überholt. Er hätte in diesem Fall aufgrund der Fahrweise des Versicherungsnehmers erkennen
können, dass dieser abbiegen wird. Somit haftet der Versicherungsnehmer für den Schaden zu 40 % und der Beteiligte Jasper zu 60 %.

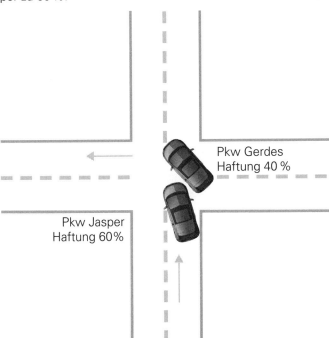

Pkw Gerdes
Haftung 40 %

Pkw Jasper
Haftung 60 %

Der Versicherungsnehmer Gerdes stellt folgende Schadenersatzansprüche

▪ Reparaturkosten lt. Rechnung	4.000 €
▪ Abschleppkosten	300 €
▪ Mietwagenkosten	750 €
▪ Sachverständigenkosten	500 €
▪ Wertminderung	250 €
▪ Kostenpauschale	20 €
▪ Schmerzensgeld	600 €
▪ Rechtsanwaltskosten	550 €
	6.970 €

Für den Pkw des Versicherungsnehmers Gerdes besteht eine Vollkaskoversicherung mit 150 € Selbstbeteiligung. Aufgrund der Haftungsteilung nimmt er diese zuerst in Anspruch und macht die weiteren Schadenpositionen beim Kraftfahrzeug-Haftpflichtversicherer des Beteiligten Jasper geltend.

a) Welche Zahlungen erhält der Versicherungsnehmer Gerdes von seinem Vollkasko-Versicherer bzw. dem Kraftfahrzeug-Haftpflichtversicherer?

b) Welche Entschädigungsleistungen erhält er, wenn er den Kraftfahrzeug-Haftpflichtversicherer zuerst in Anspruch nimmt?

Lösung zu a)

Der Versicherungsnehmer Gerdes erhält von seinem Vollkasko-Versicherer folgende Entschädigungszahlung:

VK-Schaden		
	4.000 €	Reparaturkosten
	300 €	Abschleppkosten
	4.300 €	
–	150 €	Selbstbeteiligung
	4.150 €	

Anschließend erhält er vom Kraftfahrzeug-Haftpflichtversicherer des Beteiligten Jasper folgende Zahlungen:

kongruente Positionen		
	4.000 €	Reparaturkosten
	300 €	Abschleppkosten
	250 €	Sachverst.-Kosten
	500 €	Wertminderung
	5.050 €	
–	4.150 €	Vollkaskozahlung
	900 €	(max. 60 % von 5.050 €)

nicht kongruente Positionen		
	750 €	Mietwagenkosten
	20 €	Kostenpauschale
	600 €	Schmerzensgeld
	550 €	Rechtsanw.-Kosten
	1.920 €	
–	768 €	Mithaftung (40 %)
	1.152 €	Haftung des Kraftfahrzeug-Haftpflichtversicherers (60 % v. 1.920 €)

Unter Berücksichtigung der Haftungsteilung erhält der Versicherungsnehmer Gerdes folgende Zahlungen:

Gesamtschaden	6.970 €
Zahlung vom VK-Versicherer	− 4.150 €
Zahlung vom KH-Versicherer	− 900 €
	− 1.152 €
	768 €

Vom Gesamtschaden trägt der Versicherungsnehmer aufgrund der Mithaftung 40 % der nicht kongruenten Positionen (768 €) selbst.

LF
2

LF
11

LF
15

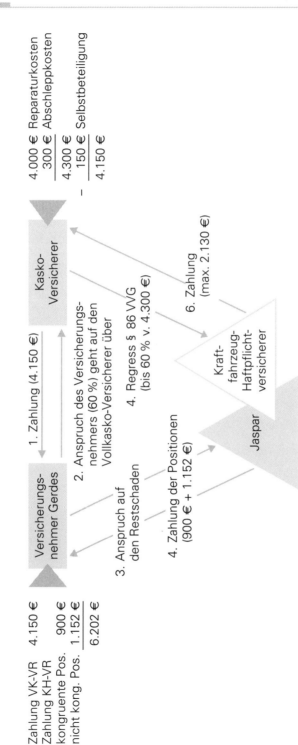

Zahlung VK-VR   4.150 €
Zahlung KH-VR
kongruente Pos.   900 €
nicht kong. Pos. 1.152 €
                  6.202 €

5. Zahlung des Kraftfahrzeug-Haftpflichtversicherers: max. 60 % vom gesamten Schaden!

    4.182 € 60 % vom Gesamtschaden des Herrn Gerdes

–   900 € Zahlung an Herrn Gerdes (kongruente Pos.)
– 1.152 € Zahlung an Herrn Gerdes (nicht kong. Pos.)

    2.130 €

Der Regress des Kasko-Versicherers kann nur noch in Höhe des noch „offenen" Betrages
von 2.130 € geltend gemacht werden.

Lösung zu b)

Der Versicherungsnehmer Gerdes erhält zunächst vom Kraftfahrzeug-Haftpflichtversicherer 60 % des Gesamtschadens ersetzt.

6.970 €	Gesamtschaden
4.182 €	60 % (Haftung)

Danach nimmt er seinen Vollkaskoversicherer in Anspruch, der zunächst die Obergrenze seiner Zahlung und anschließend die konkrete Vollkasko-Entschädigung ermittelt.

Höchstzahlung des Vollkasko-Versicherers

	4.000 €	Reparaturkosten
	300 €	Abschleppkosten
	4.300 €	
−	150 €	Selbstbeteiligung
	4.150 €	(max. Zahlung)

Berechnung der Vollkasko-Entschädigung unter Berücksichtigung der kongruenten Positionen.

4.000 €	Reparaturkosten
300 €	Abschleppkosten
250 €	Sachverst.-Kosten
500 €	Wertminderung
5.050 €	
2.020 €	40 % („Mithaftungs- quote" des Kasko-Ver- sicherungsnehmers)

Da der Kraftfahrzeug-Haftpflichtversicherer bereits 60 % des Schadens übernommen hat, also auch bezüglich der kongruenten Positionen, muss sich der Kasko-Versicherer mit der „Mithaftungsquote" seines Versicherungsnehmers in Höhe von 40 % befassen.

Somit erhält der Versicherungsnehmer Gerdes folgende Zahlungen:

Gesamtschaden	6.970 €
Zahlung vom Vollkaskoversicherer	− 4.182 €
Zahlung vom Kraftfahr- zeug-Haftpflicht- versicherer	− 2.020 €
	768 €

Vom Gesamtschaden trägt der Versicherungsnehmer auch in diesem Fall aufgrund der Mithaftung den Betrag von 768 € selbst.

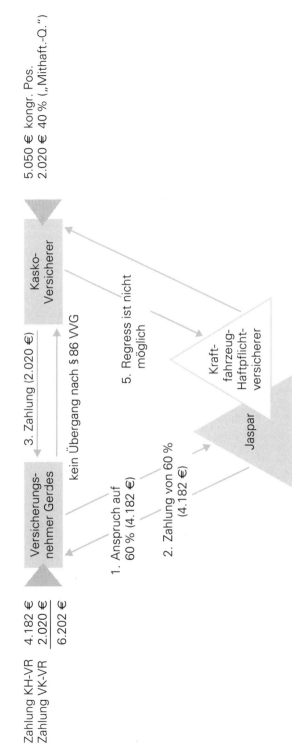

Zahlung KH-VR   4.182 €
Zahlung VK-VR   2.020 €
               6.202 €

5.050 € kongr. Pos.
2.020 € 40 % („Mithaft.-Q.")

Versicherungs-
nehmer Gerdes

Kasko-
Versicherer

3. Zahlung (2.020 €)

kein Übergang nach § 86 VVG

1. Anspruch auf
60 % (4.182 €)

2. Zahlung von 60 %
(4.182 €)

5. Regress ist nicht
möglich

Kraft-
fahrzeug-
Haftpflicht-
versicherer

Jaspar

4. Zahlungen des Kraftfahrzeug-Haftpflichtversicherers: max. 60 % vom gesamten Schaden!

6.970 € (Gesamtschaden) x 60 % = 4.182 €
Der Kraftfahrzeug-Haftpflichtversicherer hat bereits entsprechend seiner Haftung reguliert, mit der Folge, dass ein Regress beispielsweise des Kasko-Versicherers nicht möglich
ist. Unabhängig davon ist ein Übergang nach § 67 VVG von Versicherungsnehmer Gerdes
nicht erfolgt.

6. Kraftfahrt-Unfallversicherung

▶ Situation

Frau Daubert ist stolze Patentante und bei schönem Wetter liebt sie es
mit ihrem Patenkind Lisa und deren Freundinnen eine Spritztour zu machen. Wenn die Zeit und das Wetter es zulassen, dann ist sie mehrmals
im Monat mit den Kindern unterwegs. Was wäre nun, wenn etwas passiert? Sind die Kinder dann auch abgesichert? Aus moralischer Sicht
sollte das schon gewährleistet sein.

§ 16 AKB

▶ Erläuterung

Versichert sind Unfälle, die der Versicherte in einem ursächlichen
Zusammenhang mit dem Gebrauch des Fahrzeugs erleidet. Hierunter
fallen das Lenken, Benutzen, Behandeln, Be- und Entladen, Abstellen
sowie das Ein- und Aussteigen.

A. 4.1.1 AKB

Die Insassen-Unfallversicherung bezieht sich immer auf ein bestimmtes
Kraftfahrzeug. Sie gilt normalerweise für alle Insassen, kann jedoch auf
einen bestimmten Personenkreis beschränkt werden, z. B. auf Berufs-
fahrer und Beifahrer.

Die Kraftfahrt-Unfallversicherung kann abgeschlossen werden nach
dem

A 4.2 AKB

Pauschalsystem	Platzsystem
Die vereinbarten Versicherungs-summen gelten pauschal für alle berechtigten Insassen, die sich zum Zeitpunkt des Unfalls im Kfz befinden, gleichgültig ob sie eine Verletzung erleiden oder nicht. Jede Person ist also mit dem der Anzahl der Insassen entsprechen-den Teilbetrag der vereinbarten Versicherungssummen versichert. Bei 2 oder mehr berechtigten In-sassen erhöhen sich die Versi-cherungssummen um 50 Prozent.	Jeder einzelne Platz des Fahr-zeugs ist mit den gleichen Sum-men zu versichern. Der Platz des Lenkers kann ausgenommen werden. Für Berufs- und Beifah-rer sind darüber hinaus noch besondere Formen der Insassen-Unfallversicherung möglich.

Der Unfallbegriff ist mit dem der privaten Unfallversicherung identisch. Als Unfall gilt auch, wenn durch eine erhöhte Kraftanstrengung an Gliedmaßen oder Wirbelsäule

- ein Gelenk verrenkt wird

  oder

- Muskeln, Sehnen, Bänder oder Kapseln gezerrt oder zerrissen werden

Versicherungsleistung

Die häufigsten Leistungsarten sind:

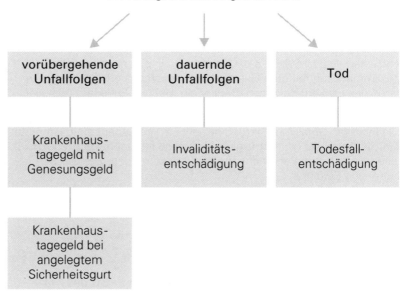

vorübergehende Unfallfolgen	dauernde Unfallfolgen	Tod
Krankenhaustagegeld mit Genesungsgeld	Invaliditätsentschädigung	Todesfallentschädigung
Krankenhaustagegeld bei angelegtem Sicherheitsgurt		

A. 4.7 AKB

Krankenhaustagegeld mit Genesungsgeld

Das Krankenhaus-Tagegeld wird für jeden Kalendertag gezahlt, an dem sich der Versicherte im Krankenhaus befindet, längstens jedoch für **2 Jahre**. Für die gleiche Anzahl von Kalendertagen erhält er Genesungsgeld nach Tagen gestaffelt, längstens jedoch für **100 Tage**.

Krankenhaustagegeld bei angelegtem Sicherheitsgurt

A. 4.7.5 AKB

Nach einer Sonderbedingung wird das Krankenhaus-Tagegeld auch dann gezahlt, wenn eine Kraftfahrt-Unfallversicherung ohne Krankenhaustagegeld besteht und der versicherte Insasse eines Pkw zum Unfallzeitpunkt einen Sicherheitsgurt angelegt hat.

Leistung bei angelegtem Sicherheitsgurt: Krankenhaus-Tagegeld

- beträgt ⅓ ‰ der Todesfall- und Invaliditätssumme
- beträgt max. **50 €** pro Tag

- wird ab 3. Kalendertag gezahlt (nicht am 1. und 2. Tag)
- wird für max. 1 Jahr gezahlt

Invaliditätsentschädigung

Die Invalidität muss innerhalb eines Jahres nach dem Unfall eintreten sowie spätestens vor Ablauf einer Frist von weiteren 3 Monaten ärztlich festgestellt und geltend gemacht werden. Anhand einer Gliedertaxe oder den Bewertungsmerkmalen gem. Bedingung wird die Entschädigungshöhe errechnet.

A. 4.5 AKB

Todesfallsumme

Führt der Unfall innerhalb eines Jahres zum Tode, wird die vereinbarte Todesfallleistung fällig. Ansonsten hat die versicherte Person Anspruch auf Invaliditätsentschädigung.

▶ Beispiel

Herr Fischer hat eine Insassenunfallversicherung nach dem Pauschalsystem abgeschlossen, mit den Versicherungssummen

- 40.000 € für den Todesfall
- 80.000,00 € für den Invaliditätsfall

Bei einem Unfall werden ein Erwachsener und ein Kind schwer verletzt. Die weiteren zwei Erwachsenen bleiben unverletzt. Zum Schadenzeitpunkt waren alle Insassen angegurtet. Die Verletzten werden nach einem Krankenhausaufenthalt (vom 1.9. bis 20.9.) mit der Feststellung entlassen, dass vermutlich auf Dauer eine körperliche Beeinträchtigung in Höhe von jeweils 10 % verbleiben wird.

Welche Leistungen erhalten die einzelnen Verletzten im Rahmen der Insassenunfallversicherung ersetzt?

LF 2

LF 11

LF 15

Lösung

Im Fahrzeug befinden sich vier Personen, sodass sich die Versicherungssumme um 50 % erhöht:

- 60.000 € für den Todesfall
- 120.000 € für den Invaliditätsfall

Die Invaliditätssumme pro Person beträgt (¼) 30.000 €.
Bei einem Dauerschaden von 10 % erhält jeder Verletzte 3.000 €.

Da die Insassen angegurtet waren, wird in diesem Fall ein zusätzliches Krankenhaus-Tagegeld in folgender Höhe gezahlt:

- ⅓‰ von 180.000 € = 60 € Krankenhaus-Tagegeld
- anteilig beträgt das Krankenhaus-Tagegeld pro Person 15 €
- die Personen erhalten für 18 Tage (ab 3. Tag) ein Krankenhaus-Tagegeld in Höhe von jeweils 270 €.

Die Gesamtentschädigung pro Person beträgt 3.270 €.

Übungen

1. Erläutern Sie die Bedeutung der Insassen-Unfallversicherung.

2. Nennen Sie vier Unfallbeispiele, die im ursächlichen Zusammenhang mit dem Gebrauch des Fahrzeugs oder des Anhängers stehen.

3. Beschreiben Sie die Leistungen der Insassenunfallversicherung.

4. Friedhelm Kraft hat vor einiger Zeit eine Insassen-Unfallversicherung nach dem Pauschalsystem abgeschlossen: 20.000 € Todesfallsumme und 40.000 € Invaliditätssumme. Heute unternimmt er mit der Familie einen Ausflug. Im Wagen sind außer seiner Ehefrau, Sohn Markus, 9 Jahre alt und Tochter Monika, 13 Jahre alt. Bei einem Unfall erleidet seine Ehefrau eine Dauerschädigung von 65 %, Tochter Monika verunglückt tödlich. Er und sein Sohn kommen unverletzt davon.

   Ermitteln sie die Invaliditätsleistung der Insassen-Unfallversicherung.

5. Erika Schmidt hat für ihren Pkw eine Insassen-Unfallversicherung nach dem Pauschalsystem abgeschlossen: 15.000 € Todesfallsumme und 30.000 € Invaliditätssumme. Nach einem Unfall auf dem Weg zur Arbeit – sie ist allein im Wagen – erleidet sie eine Invalidität von 43 %.

   Ermitteln Sie die Leistung des Versicherers.

7. Fahrer-Plus und Insassen-Plus

▶ Situation

Ihre Kundin stellt sich nun die Frage, wie es wäre, wenn sie einen Schaden verursachen würde und selbst dabei verletzt wird. Ist sie dann auch versichert oder gibt es eine zusätzliche Möglichkeit einer Absicherung?

A. 5 AKB 2008

▶ Erläuterung

Die Fahrer-Plus bezieht sich ausschließlich auf Unfälle gem. A.5.5 AKB 2008.

Versichert ist der berechtigte Fahrer, wenn er einen Personenschaden beim Lenken des versicherten Fahrzeugs (gilt nur für Pkw) erleidet.

Leistungen der Fahrer-Plus

A. 5.5 AKB 2008

- Ersatz von Personenschäden (nur Fahrer)
- Ersatzleistung ist vom Umfang an das deutsche Haftpflichtrecht angelehnt
- kein Ersatz von Schmerzensgeld
- max. Ersatzleistung ist die in der Kraftfahrzeug-Haftpflichtversicherung vereinbarte Deckungssumme für Personenschäden (bezüglich einer verletzten oder getöteten Person)

▶ Hinweis – Subsidiarität der Fahrer-Plus

Die Fahrer-Plus-Versicherung leistet subsidiär, d. h. sie leistet nicht, soweit der berechtigte Fahrer bzw. dessen Hinterbliebene wegen des Unfalls Entschädigungen von einem anderen Schadenversicherer, Sozialversicherungsträger oder Dritten beanspruchen können.

Ausschlüsse in der Fahrer-Plus

A. 5.6 AKB 2008

Kein Versicherungsschutz besteht in folgenden Fällen:

- Fahrer war nicht angeschnallt
- Fahrer hat den Schaden vorsätzlich oder grob fahrlässig verursacht
- Ein- und Aussteigen
- Be- und Entladen
- bei vorsätzlicher Ausübung einer Straftat
- bei „Schwarzfahrt"
- bei Rennen
- bei Erdbeben
- bei Kernenergie

8. Der Autoschutzbrief (Auto-Plus)

▶ **Situation**

Kürzlich, es war schon später Abend, klingelte es an Ihrer Haustür. Die   A. 3.3 AKB 2008
Frau Ihres Nachbarn war ganz aufgeregt und bat um Hilfe. Ihr Mann
war unterwegs und hatte eine Panne. Sie erinnerten sich noch an seine
Worte ... „Panne? So etwas passiert mir nicht!" Mit der Ehefrau fuhren
Sie zu ihm und schleppten ihn mit dem Abschleppseil nach Hause. Das
hätte auch einfacher gehen können, sagen Sie sich und laden Ihre
Nachbarn zu einer kleinen Beratung ein.

LF 2

LF 11

LF 15

▶ **Erläuterung**

Die Kfz-Haftpflicht kommt für Schäden auf, die mit dem Fahrzeug des
Versicherungsnehmers anderen (Dritten) gegenüber zugefügt werden.
Über die Teilkasko bzw. Vollkasko besteht bezüglich des Fahrzeug des
Versicherungsnehmers Versicherungsschutz bei Beschädigung, Zerstö-
rung oder Verlust (Entwendung).

Ergänzend dazu sind die Leistungen der Autoschutzbrief-Versicherung
als Service-Leistungen bzw. als Ersatz für vom Versicherungsnehmer
aufgewandte Kosten bestimmt.

Einordnung der Auto-Plus in den Kfz-Bereich

Kraftfahrzeug-Haftpflicht	Kasko-versicherung	Auto-Plus	Insassen-Unfall
zuständig für	**zuständig für**	**zuständig für**	**zuständig für**
▪ Schadener-satzansprüche der Geschä-digten	▪ Schäden am Fahrzeug des Versiche-rungsnehmers	▪ Serviceleis-tungen ▪ Ersatz von Kosten	▪ Personen-schäden der Fahrzeug-insassen

In Anlehnung an A. 1.4 AKB 2008 ist der Geltungsbereich der   § 2 AKB
Schutzbriefleistung mit dem Geltungsbereich der Kfz-Haftpflichtversicherung identisch.

8.1   Versicherungsschutz in der Auto-Plus

Die Schutzbriefleistungen werden nicht nur in Verbindung mit der Nutzung des versicherten Fahrzeugs erbracht, sondern in bestimmten Fällen auch, wenn sich die versicherten Personen auf einer Reise ohne versichertes Fahrzeug befinden, wie beispielsweise im Rahmen eines Urlaubs mit der Bahn, dem Flugzeug oder als Mitfahrer in einem anderen Fahrzeug.

A. 3.2 AKB 2008

8.2   Versicherungsschutz für bestimmte Fahrzeuge

A. 3.3 AKB 2008

Der Versicherungsnehmer kann den Versicherungsschutz für bestimmte Fahrzeuge beantragen. Soweit zum Schadenzeitpunkt ein Anhänger mitgeführt wird, bezieht sich der Schutz auf das Fahrzeug einschließlich Anhänger. Von diesem Einschluss sind folgende Anhänger betroffen: Wohnwagenanhänger, Bootsanhänger und Gepäckanhänger.

Versicherbare Fahrzeuge

- Pkw (in Eigenverwendung)
- Campingfahrzeug/Wohnmobil (bis 4 t zulässiges Gesamtgewicht)
- einschließlich mitgeführte Anhänger (nur Wohnwagen-, Boots- oder Gepäckanhänger)

- Kraftrad
- Leichtkraftrad (mehr als 80 km/h)
- Leichtkraftroller (mehr als 80 km/h)

LF
2

LF
11

LF
15

▶ Beispiel

Der Versicherungsnehmer Jörg Heumann fährt mit seinem Pkw (Auto-Plus-versichert) zu einem etwa 15 km entfernt gelegenen Wanderparkplatz. Nach der Wanderung stellt er fest, dass der Pkw nicht mehr gestartet werden kann. Der von ihm angeforderte Pannendienst stellt die Fahrbereitschaft wieder her. Herr Heumann erhält die Rechnung über den Betrag von 130 €. Er ruft Sie an und fragt, ob eine Erstattung der Kosten durch seine Auto-Plus erfolgt und falls ein Abschleppen zur Werkstatt erforderlich gewesen wäre, ob auch ein Erstattungsanspruch bezüglich dieser Kosten bestanden hätte.

Teilen Sie Ihrem Kunden bitte mit, in welcher Höhe ein Anspruch auf Leistung besteht.

Lösung

Da das Fahrzeug versichert ist und die Voraussetzung (Panne) für die Eintrittspflicht des Versicherers vorliegt, besteht Versicherungsschutz. Ein Ausschluss oder eine Einschränkung sind nicht vorhanden.

Ersatzleistung

Für die Pannenhilfe am Schadenort zahlt der Versicherer 100 € (Höchstbetrag). Falls ein Abschleppen erforderlich gewesen wäre, hätte sich der Versicherer auch hieran mit max. 150 € beteiligt.

▶ Beispiel

Die Familie Held befindet sich mit ihrem Pkw und dem Wohnwagenanhänger auf der Fahrt von Osnabrück nach Wassenaar (Niederlande). Auf der Autobahn A12/E20 im Raum Utrecht (Niederlande) bleibt der Pkw plötzlich mit einem Motorschaden liegen. Es stellt sich heraus, dass die Einspritzpumpe defekt ist und ausgetauscht werden muss. Eine Weiterfahrt mit dem Pkw ist nicht möglich. Die Reparatur dauert voraussichtlich 2 Tage, da das Ersatzteil aus Deutschland angeliefert werden muss. Ihre Kundin Irmhild Held ruft Sie an und fragt, ob sie und ihr Ehemann Dieter sowie die Kinder Gerrit und Danika die Fahrt mit einem Mietwagen, der den Wohnwagen ziehen kann, fortsetzen können. Gleichzeitig teilt sie mit, dass folgende Kosten entstanden sind bzw. noch anfallen werden:

1. Pannenhilfe am Schadenort (Schadenfeststellung)   50 €
2. Abschleppen des Pkw zur Werkstatt   170 €

3. Mietwagenkosten für 2 Tage   400 €
4. Reparaturkosten (Einspritzpumpe usw.)   1200 €

Welchen Leistungsanspruch hat Frau Held?

Lösung

Da der Pkw (einschließlich Anhänger) versichert ist und die Panne als Leistungsvoraussetzung gegeben ist, besteht Versicherungsschutz. Ausschlüsse oder Einschränkungen des Versicherungsschutzes liegen nicht vor.

Ersatzleistung

Die Kosten für die Pannenhilfe werden bis zu 100 € und die Abschleppkosten werden bis zur Höhe von 150 € erstattet.

Die Mietwagenkosten werden bis zu 7 Tagen erstattet, max. aber 350 €.

Der Fahrzeugschaden selbst (Reparaturkosten) ist vom Versicherungsschutz der Auto-Plus nicht erfasst. Hierfür besteht auch im Rahmen einer bestehenden Teil- oder Vollkaskoversicherung kein Versicherungsschutz.

▶ Hinweis

Die Autoschutzbrief-Versicherer haben mit vielen Kfz-Werkstätten, Abschleppunternehmen und Pannenhelfern Rahmen- und Kooperationsverträge geschlossen.

Vorteil für den Versicherungsnehmer

Wendet sich der Versicherungsnehmer im Schadenfall zuerst an seinen Schutzbrief-Versicherer, regelt dieser nicht nur die gesamte Hilfeleistung (Abschleppen, Pannenhilfe, Zustellung von Mietwagen usw.), sondern beauftragt direkt seine Kooperationspartner mit der Folge, dass der Versicherer die Kosten auch direkt begleicht. Durch Pauschalvereinbarungen entstehen dem Versicherungsnehmer häufig keine Kosten, da sich diese oft innerhalb der in den AKB genannten Grenzen befinden.

8.3 Voraussetzungen für die Leistungspflicht des Versicherers

Im Rahmen des Autoschutzbriefes bezieht sich der Leistungsumfang auf die Folgen eines Unfalls oder auf die Folgen einer Panne mit dem versicherten Fahrzeug. Darüber hinaus sind auch bestimmte Leistungen versichert, wenn der Versicherungsnehmer oder eine mitversicherte Person auf einer Reise (auch ohne versichertes Fahrzeug) den Versicherungsfall erleidet oder in eine Notlage gerät.

A. 3.5 AKB 2008

Voraussetzungen für die Eintrittspflicht

- Unfall – oder –
- Panne – oder –
- Reise (auch ohne versichertes Fahrzeug)

Unfall

Die Voraussetzungen für die Eintrittspflicht bei einem Unfallschaden sind an die Definition für den Begriff „Unfall" aus der Kaskoversicherung geknüpft. Danach liegt ein Unfall vor, wenn das Ereignis

A. 3.5.1 AKB 2008

- unmittelbar von außen
- plötzlich
- mit mechanischer Gewalt

auf das Fahrzeug einwirkt.

Panne

Unter Panne ist jeder Betriebsschaden, Bruchschaden oder Bremsschaden zu verstehen. Auch hier ist die Bedeutung der Begriffe dem Kaskobereich entnommen.

A. 3.5.1 AKB 2008

Danach liegt ein Betriebsschaden vor, wenn eine Einwirkung von außen auf das Fahrzeug **nicht** gegeben ist. Hierunter fällt beispielsweise das Rangieren mit angehängtem Anhänger, wenn beide Fahrzeuge durch einen Lenkfehler beschädigt werden. Auch das Schalten während der Fahrt in den nächst höheren oder niedrigeren Gang ohne Betätigung der Kupplung mit der Folge, dass ein Getriebeschaden verursacht wird, ist vom Versicherungsschutz im Rahmen der Panne erfasst.

Zum Bereich Bruchschäden gehören auch beispielsweise Ermüdungsbrüche, die durch Materialverschleiß gekennzeichnet sind.

Unter Bremsschäden fallen alle Schäden, die mit dem Bremsvorgang in Verbindung stehen und nicht schon über die Position „Unfall" abgedeckt sind.

Reise

Eine Reise liegt vor, wenn der Versicherungsnehmer von seinem ständigen Wohnsitz fortlaufend abwesend ist. Diese Dauer der Abwesenheit darf bis zu 6 Wochen betragen. Als ständiger Wohnsitz gilt der inländische Ort, an dem der Versicherungsnehmer polizeilich gemeldet ist und sich überwiegend aufhält.

8.4   Leistungsumfang

▶ Situation

Die nächtliche Panne hat Ihren Nachbarn nachdenklich gestimmt. In jener Nacht hätte der Schutzbrief möglicherweise schnellere Hilfe gebracht. Er ist nun interessiert und möchte noch mehr Details und Informationen zum Ersatz der Kosten. Da er eine Urlaubsreise plant, möchte er auch wissen, wie es sich damit im Ausland verhält.

▶ Erläuterung

Der Versicherer erbringt Leistungen als Service oder als Ersatz für vom Versicherungsnehmer aufgewandte Kosten. Die versicherten Leistungen lassen sich in die folgenden Bereiche einteilen:

Leistungen bei Reise oder Unterbrechung der Fahrt...

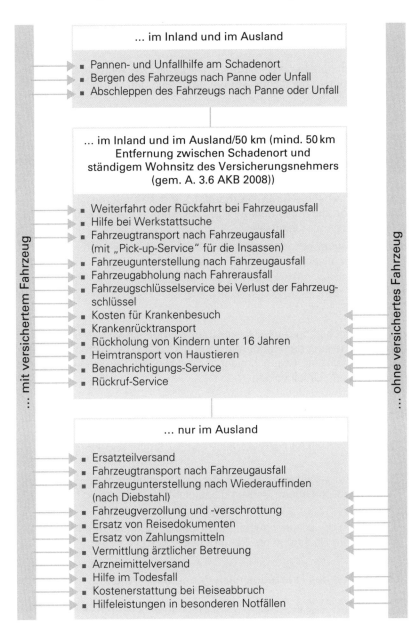

... im Inland und im Ausland

- Pannen- und Unfallhilfe am Schadenort
- Bergen des Fahrzeugs nach Panne oder Unfall
- Abschleppen des Fahrzeugs nach Panne oder Unfall

... im Inland und im Ausland/50 km (mind. 50 km Entfernung zwischen Schadenort und ständigem Wohnsitz des Versicherungsnehmers (gem. A. 3.6 AKB 2008))

- Weiterfahrt oder Rückfahrt bei Fahrzeugausfall
- Hilfe bei Werkstattsuche
- Fahrzeugtransport nach Fahrzeugausfall (mit „Pick-up-Service" für die Insassen)
- Fahrzeugunterstellung nach Fahrzeugausfall
- Fahrzeugabholung nach Fahrerausfall
- Fahrzeugschlüsselservice bei Verlust der Fahrzeugschlüssel
- Kosten für Krankenbesuch
- Krankenrücktransport
- Rückholung von Kindern unter 16 Jahren
- Heimtransport von Haustieren
- Benachrichtigungs-Service
- Rückruf-Service

... nur im Ausland

- Ersatzteilversand
- Fahrzeugtransport nach Fahrzeugausfall
- Fahrzeugunterstellung nach Wiederauffinden (nach Diebstahl)
- Fahrzeugverzollung und -verschrottung
- Ersatz von Reisedokumenten
- Ersatz von Zahlungsmitteln
- Vermittlung ärztlicher Betreuung
- Arzneimittelversand
- Hilfe im Todesfall
- Kostenerstattung bei Reiseabbruch
- Hilfeleistungen in besonderen Notfällen

... mit versichertem Fahrzeug

... ohne versichertes Fahrzeug

▶ Hinweis zur 50-km-Regelung

Die Regelung, dass in bestimmten Fällen die Entfernung zwischen
Schadenort und dem ständigen Wohnsitz des Versicherungsnehmers
mind. 50 km betragen muss, ergibt sich aus § 31 (2) AKB.

Damit die in der Übersicht dargestellten Leistungen und die jeweiligen
Voraussetzungen deutlicher werden, folgt eine detaillierte Beschrei-
bung.

Pannen- und Unfallhilfe am Schadenort

Fahrt kann nach Panne oder Unfall nicht fortgesetzt werden.

A. 3.5.2 AKB 2008
- Kostenübernahme für Wiederherstellung der Fahrbereitschaft am
  Schadenort durch ein Pannenhilfe-Fahrzeug bis max. 100 €
  (inkl. Kosten für Kleinteile).

A. 3.6.2 AKB 2008
- Erstattung der schadensbedingten Übernachtungskosten für max. 3
  Nächte (pro Nacht und pro Person: max. 60 €).

▶ Hinweis

Einige Autoschutzbrief-Versicherer übernehmen die Kosten für die
Wiederherstellung der Fahrbereitschaft bis 100.000 € auch dann, wenn
der Motor beim Startversuch nicht anspringt ohne dass eine Reise, eine
Panne oder ein Unfall vorliegt.

Bergen des Fahrzeugs nach Panne oder Unfall

A. 3.5.4 AKB 2008
Fahrzeug ist nach Panne oder Unfall von der Straße abgekommen.

- Versicherer veranlasst die Bergung und übernimmt hierfür die Kosten
  (einschließlich Ladung, soweit diese nicht gewerbsmäßig befördert
  wurde).
- Erstattung der schadensbedingten Übernachtungskosten für max. 3
  Nächte (pro Nacht und pro Person: max. 60 €).

Abschleppen des Fahrzeugs nach Panne oder Unfall

A. 3.5.3 AKB 2008
Fahrzeug kann nach der Panne oder Unfall seine Fahrt nicht fortsetzen.

Wiederherstellung der Fahrbereitschaft an der Unfallstelle ist nicht
möglich.

- Versicherer veranlasst das Abschleppen des Fahrzeugs (einschl. Gepäck und nicht gewerblich beförderte Ladung) und übernimmt die Kosten bis 150 €.

- Erstattung der schadensbedingten Übernachtungskosten für max. 3 Nächte (pro Nacht und pro Person: max. 60 €).

**Weiter- oder Rückfahrt bei Fahrzeugausfall
(50-km-Entfernung bachten)**

Entfernung zwischen Schadenort und ständigem Wohnsitz des Ver-   A. 3.6.1 AKB 2008
sicherungsnehmers: mind. 50 km.

Fahrzeug ist nach Panne oder Unfall nicht fahrbereit

oder

Fahrzeug wurde gestohlen

- Erstattung der schadensbedingten Übernachtungskosten für max. 1 Nacht (bis max. 60 € pro Person) und Auswahl bezüglich der folgenden Varianten I, II oder III.

Leistungen bei Fahrzeugausfall (50 km-Grenze beachten)   A. 3.6.1 AKB 2008

Variante I	Variante II	Variante III
Personen-beförderung	**Mietfahrzeug**	**Pick-up-Service**
bei ■ Panne oder ■ Unfall oder ■ Fahrzeug-entwendung	bei ■ Panne oder ■ Unfall oder ■ Fahrzeug-entwendung	bei ■ Panne in Deutschland oder ■ Unfall in Deutschland

Variante I: Personenbeförderung

Personenbeförderung

- Kostenüber-
  nahme für die
  Fahrt vom Scha-
  denort zum stän-
  digen Wohnsitz
  des Versiche-
  rungsnehmers
  oder
- Kostenüber-
  nahme für die
  Fahrt vom Scha-
  denort zum Ziel-
  ort (wenn inner-
  halb § 2 a AKB)

- Kostenüber-
  nahme für die
  Rückfahrt vom
  Zielort zum
  Wohnsitz des
  Versicherungs-
  nehmers, wenn
  das Fahrzeug
  nicht mehr fahr-
  bereit gemacht
  werden kann

- Kostenüber-
  nahme für die
  Rückfahrt zum
  Schadenort für
  eine Person,
  wenn das Fahr-
  zeug dort wieder
  fahrbereit ge-
  macht werden
  kann

Höhe der Kostenerstattung bei einfacher Entfernung

unter 1.200 Bahn-km	ab 1.200 Bahn-km	zusätzliche Kostenübernahme
bis zur Höhe der Bahnkosten 2. Klasse	bis zur Höhe der Bahnkosten 1. Klasse	Taxikosten-rechnung bis 40 €
	oder	
	bis zur Höhe der Kosten für Liegewagen	

LF
2

LF
11

LF
15

Variante II: Mietfahrzeug

↓

- Kostenersatz für die Vermietung eines Mietwagens für max. 7 Tage und bis Ihnen das Fahrzeug wieder fahrbereit zur Verfügung steht

  oder

- Kostenersatz für die Fahrt zum ständigen Wohnsitz des Versicherungsnehmers

▶ Hinweis

Der Versicherer erstattet die Kosten bis max. 350 €.

Variante III: Pick-up-Service

↓

- Vermittlung und Kostenübernahme für den Rücktransport des Fahrzeugs zum Wohnsitz des Versicherungsnehmers   A. 3.6.4 AKB 2008
- Vermittlung und Kostenübernahme für den Rücktransport der berechtigten Insassen zusammen mit dem versicherten Fahrzeug

Voraussetzungen

- Fahrbereitschaft kann auch am Tag nach dem Unfall nicht wieder hergestellt werden
- voraussichtliche Reparaturkosten dürfen den Wiederbeschaffungswert nicht übersteigen
- Schadenort ist in Deutschland

Hinweis – Schadenort im Ausland

Liegt der Schadenort im Ausland und ist die Fahrbereitschaft innerhalb   A. 3.8 AKB 2008
von drei Werktagen nicht möglich, vermittelt der Versicherer den Rücktransport des Fahrzeugs. Gleichzeitig übernimmt er die hierdurch entstehenden Kosten bis zur Höhe der Kosten für einen Rücktransport an den ständigen Wohnsitz des Versicherungsnehmers.

Ein darüber hinausgehender Anspruch auch auf den Transport der Insassen besteht nicht.

Hilfe bei Werkstattsuche (50 km-Entfernung beachten)

A. 3.6.5 AKB 2008

- Entfernung zwischen Schadenort und ständigem Wohnsitz des
  Versicherungsnehmers: mind. 50 km
- Fahrzeug muss repariert werden.

- Versicherer hilft bei der Suche nach einer Werkstatt (eine Haftung für
  die Werkstattleistung ist ausgeschlossen).

Fahrzeugtransport nach Fahrzeugausfall (50 km-Entfernung beachten)

- Entfernung zwischen Schadenort und ständigem Wohnsitz des
  Versicherungsnehmers: mind. 50 km
- Fahrzeug kann nach Panne oder Unfall an einem Schadenort in
  Deutschland auch am darauf folgenden Tag nicht wieder fahrbe-
  reit gemacht werden.
- Wohnmobile oder Campingfahrzeuge über 4 t zulässiges Gesamt-
  gewicht sind bei dieser Leistung ausgeschlossen.

- Versicherer veranlasst den Transport des Fahrzeugs und der berechtigten Insassen zum Wohnsitz des Versicherungsnehmers.
- Versicherer ersetzt die gesamten Kosten des Transports.

▶ Hinweis

Werden diese Leistungen in Anspruch genommen, entfallen alle Leistungen, die unter

„Weiter- oder Rückfahrt bei Fahrzeugausfall"

aufgeführt sind, sowie die Möglichkeit einen Mietwagen zu nutzen.

Fahrzeugunterstellung nach Fahrzeugausfall (50 km-Entfernung beachten)

A. 3.6.6 AKB 2008

- Entfernung zwischen Schadenort und ständigem Wohnsitz des
  Versicherungsnehmers: mind. 50 km
- Fahrzeug muss nach Panne oder Unfall vorübergehend unterge-
  stellt werden (beispielsweise bei einem Abschleppunternehmen).

- Kostenübernahme bis zur Wiederherstellung der Fahrbereitschaft oder bis zur Durchführung des Transports zu einer Werkstatt.
- Kostenübernahme für max. 2 Wochen Unterstellung.

Fahrzeugabholung nach Fahrerausfall (50 km-Entfernung beachten)

- Entfernung zwischen Schadenort und ständigem Wohnsitz des Versicherungsnehmers: mind. 50 km.

- Fahrzeug kann auf einer Reise infolge Todes oder Erkrankung (länger als 3 Tage) des Fahrers nicht zurückgefahren werden, auch nicht von einem Insassen.

A. 3.7.5 AKB 2008

- Versicherer veranlasst die Abholung des Fahrzeugs zum ständigen Wohnsitz des Versicherungsnehmers und übernimmt auch die Kosten.
- Veranlasst der Versicherungsnehmer die Abholung selbst, ersetzt der Versicherer 0,50 € je km (vom Schadenort zum Wohnsitz des Versicherungsnehmers).
- Erstattung der schadensbedingten Übernachtungskosten für max. 3 Nächte (pro Nacht und pro Person: max. 60 €).

Fahrzeugschlüssel-Service (50 km-Entfernung beachten)

- Entfernung zwischen Schadenort und ständigem Wohnsitz des Versicherungsnehmers: mind. 50 km

- Fahrzeugschlüssel sind abhanden gekommen.

A. 3.6.7 AKB 2008

- Versicherer hilft bei der Beschaffung der Ersatzschlüssel.
- Kostenübernahme für den Versand (nicht für die Schlüssel selbst).

Esatzteileversand (Schadenort im Ausland)

- Versicherer veranlasst die schnellstmögliche Ersatzteilbeschaffung.
- Versicherer übernimmt die Versandkosten.

A. 3.8 AKB 2008

- Ersatzteile zur Wiederherstellung der Fahrbereitschaft können am ausländischen Schadenort oder in dessen Nähe nicht beschafft werden.

LF 2

LF 11

LF 15

Fahrzeugtransport nach Fahrzeugausfall (Schadenort im Ausland)

A. 3.8.1 b) AKB 2008

- Fahrzeug kann nach Panne oder Unfall am Schadenort im Ausland oder dessen Nähe nicht innerhalb von 3 Werktagen fahrbereit gemacht werden und

- die voraussichtlichen Reparaturkosten übersteigen den Wiederbeschaffungswert des Fahrzeugs nicht.

- Versicherer veranlasst den Transport des Fahrzeugs zu einer Werkstatt an einem anderen Ort.
- Kostenübernahme für den Fahrzeugtransport, max. bis zur Höhe der Kosten für einen Rücktransport zum ständigen Wohnsitz des Versicherungsnehmers.

Fahrzeugunterstellung nach Wiederauffinden nach Diebstahl (Schadenort im Ausland)

A. 3.8.2 a) AKB 2008

- Fahrzeug muss nach Diebstahl im Ausland und Wiederauffinden vorübergehend untergestellt werden (beispielsweise bei einem Abschleppunternehmen).

- Kostenübernahme bis zur Durchführung des Rücktransportes oder bis zur Verzollung bzw. Verschrottung.
- Kostenübernahme für max. 2 Wochen Unterstellung.

Fahrzeugverzollung und -verschrottung (Schadenort im Ausland)

A. 3.8.2 b) AKB 2008

- Fahrzeug muss nach Unfall oder Diebstahl im Ausland verzollt werden.

- Versicherer hilft bei der Verzollung.
- Kostenübernahme der Verfahrensgebühren (ohne Zollbetrag und sonstige Steuern).
- Kostenübernahme der Verschrottung, soweit die Verschrottung erforderlich wird, um eine Verzollung zu vermeiden.

Kosten für Krankenbesuch (50 km-Entfernung beachten)

LF
2

LF
11

LF
15

- Der Versicherungsnehmer muss sich auf einer Reise infolge Erkrankung länger als 2 Wochen in einem Krankenhaus aufhalten.

A. 3.7.4 AKB 2008

- Kostenübernahme für Fahrtkosten und Übernachtungskosten für Besuche durch eine nahe stehende Person.
- Kostenübernahme bis max. 500 €.

Krankenrücktransport (50 km-Entfernung beachten)

- Der Versicherungsnehmer muss infolge Erkrankung auf einer Reise an seinen ständigen Wohnsitz zurücktransportiert werden (medizinisch notwendig).

A. 3.7.2 AKB 2008

- Versicherer veranlasst den Rücktransport und trägt die dadurch entstehenden Kosten.
- Versicherer übernimmt auch die Kosten für die Begleitung durch einen Arzt oder Sanitäter, soweit dieses behördlich vorgeschrieben ist.
- Kostenübernahme für die Übernachtungen (max. 3 Nächte) bis zum Rücktransport (max. 60 € pro Nacht und pro Person).

Rückholung von Kindern unter 16 Jahren
(50 km-Entfernung beachten)

- Mitreisende Kinder unter 16 Jahren können infolge Todes oder Erkrankung des Versicherungsnehmers weder vom Versicherungsnehmer, noch von einem Familienangehörigen betreut werden.

A. 3.7.3 AKB 2008

- Versicherer veranlasst deren Abholung und Rückfahrt mit einer Begleitperson zu ihrem ständigen Wohnsitz und übernimmt die Kosten.

A. 3.6.1 AKB 2008   **Höhe der Kostenerstattung bei einfacher Entfernung**

unter 1.200 Bahn-km	ab 1.200 Bahn-km	zusätzliche Kostenübernahme
bis zur Höhe der Bahnkosten 2. Klasse	bis zur Höhe der Bahnkosten 1. Klasse oder bis zur Höhe der Kosten für Liegewagen	Taxikosten-rechnung bis 40 €

Heimtransport von Haustieren (50 km-Entfernung beachten)

A. 3.7.6 AKB 2008

- Mitgeführte Haustiere können infolge Todes oder Erkrankung des Versicherungsnehmers nicht mehr versorgt werden.

- Versicherer veranlasst den Heimtransport und übernimmt die Kosten.

Benachrichtigungs-Service (50 km-Entfernung beachten)

A. 3.7.8 AKB 2008

- Versicherungsnehmer gerät auf einer Reise in eine schwierige Notlage (beispielsweise: Erkrankung, Verhaftung, Diebstahl usw.).

- Versicherer veranlasst auf Wunsch des Versicherungsnehmers Nachrichten an dem Versicherungsnehmer nahe stehende Personen und übernimmt die hierdurch entstehenden Kosten.

Rückruf-Service (50 km-Entfernung beachten)

A. 3.7.7 AKB 2008

- Versicherungsnehmer befindet sich auf einer Reise. Sein Rückruf durch Rundfunk wird notwendig infolge Todes oder Erkrankung eines nahen Verwandten oder infolge einer erheblichen Schädigung seines Vermögens.

- Versicherer veranlasst die erforderlichen Maßnahmen und übernimmt die hierdurch entstehenden Kosten.

Ersatz von Reisedokumenten (Schadenort im Ausland)

■ Verlust eines Dokumentes auf einer Reise im Ausland, das für diese Reise benötigt wird.

A. 3.8.3 a) AKB 2008

■ Versicherer hilft bei der Ersatzbeschaffung.
■ Versicherer übernimmt die Gebühren.

Ersatz von Zahlungsmitteln (Schadenort im Ausland)

■ Der Versicherungsnehmer gerät auf einer Reise im Ausland infolge des Verlustes von Zahlungsmitteln in eine Notlage.

A. 3.8.3 b) AKB 2008

■ Versicherer stellt die Verbindung zur Hausbank her.
■ Darlehen bis 1.500 € durch den Versicherer, wenn der Kontakt zur Hausbank am Werktag nach der Schadenmeldung nicht hergestellt werden kann.

Vermittlung ärztlicher Betreuung (Schadenort im Ausland)

■ Der Versicherungsnehmer erkrankt auf einer Reise im Ausland.

A. 3.8.4 a) AKB 2008

■ Versicherer hilft auf Anfrage des Versicherungsnehmers bezüglich der Möglichkeiten ärztlicher Versorgung.
■ Versicherer stellt die Verbindung zwischen dem Hausarzt des Versicherungsnehmers und dem behandelnden Arzt bzw. Krankenhaus her und übernimmt die hierdurch entstehenden Kosten.

Arzneimittelversand (Schadenort im Ausland)

■ Der Versicherungsnehmer ist auf einer Reise im Ausland und ist zur Aufrechterhaltung oder Wiederherstellung seiner Gesundheit auf verschreibungspflichtige Arzneimittel, die vor Ort nicht erhältlich sind, dringend angewiesen.

A. 3.8.4 b) AKB 2008

■ Versicherer veranlasst nach Rücksprache mit dem Hausarzt des Versicherungsnehmers die Zusendung und trägt die hierdurch entstehenden Kosten (Voraussetzung: Keine Einfuhrbeschränkung).
■ Kostenerstattung für die notwendige Abholung und dessen Verzollung.

LF 2

LF 11

LF 15

Hilfe im Todesfall (Schadenort im Ausland)

A. 3.8.4 c) AKB 2008

- Versicherungsnehmer stirbt auf einer Reise im Ausland.

- Versicherer veranlasst nach Rücksprache mit den Angehörigen die Bestattung im Ausland

  oder

- Versicherer veranlasst die Überführung in die Bundesrepublik Deutschland.

- Begrenzung der Kostenübernahme bis zur Höhe der für eine Überführung notwendigen Kosten.

Kostenerstattung bei Reiseabbruch (Schadenort im Ausland)

A. 3.8.4 d) AKB 2008

- Dem Versicherungsnehmer ist die planmäßige Beendigung seiner Auslandsreise infolge Todes oder schwerer Erkrankung eines Mitreisenden oder eines nahen Verwandten bzw. wegen einer erheblichen Schädigung seines Vermögens nicht oder nur zu einem anderen Zeitpunkt zuzumuten.

- Übernahme der entstandenen Mehrkosten (max. 2.500 €) gegenüber der ursprünglich geplanten Reise.

Hilfeleistung in besonderen Notfällen (Schadenort im Ausland)

A. 3.8.5 AKB 2008

- Versicherungsnehmer gerät auf einer Reise im Ausland in eine besondere Notlage, bei deren Beseitigung Hilfe notwendig ist, um erheblichen Nachteil für seine Gesundheit oder sein Vermögen zu vermeiden.

- Versicherer veranlasst die erforderlichen Maßnahmen.
- Versicherer übernimmt die hierdurch entstehenden Kosten bis 250 €.

8.5 Anspruch des Versicherungsnehmers bei gleichzeitigem Vorliegen anderer Ersatzmöglichkeiten

A. 3.11 AKB 2008

Die Leistungsverpflichtung der Auto-Plus ist grundsätzlich nachrangig, hinter anderen Ersatzmöglichkeiten zu sehen, wenn der Versicherungsnehmer von einem Dritten oder aus einem anderen Vertrag entsprechende Leistungen beanspruchen kann bzw. erhält.

Wird die Auto-Plus aber vom Versicherungsnehmer zuerst in Anspruch genommen, ist diese zur Vorleistung verpflichtet und veranlasst die Zahlung bzw. die vereinbarten Maßnahmen.

8.6 Ausschlüsse

Die wichtigsten Einschränkungen des Versicherungsschutzes bzw.   A. 3.9 AKB 2008
Ausschlüsse sind in A. 3.9 AKB 2008 aufgeführt. Darüber hinaus ist
ebenfalls kein Versicherungsschutz gegeben, wenn die Ursache für die
Beanspruchung der Leistung

- eine Erkrankung ist, die innerhalb von 6 Wochen vor Beginn der
  Reise mit dem versicherten Fahrzeug aufgetreten ist

  oder

- eine Schwangerschaft ist.

LF
2

LF
11

LF
15

Übungen

1. Beschreiben Sie den Personenkreis, der nach dem Autoschutz-
    brief versichert ist.

2. Erläutern Sie den Geltungsbereich des Autoschutzbriefes.

3. Ihr Kunde, Sascha Hennig, fährt mit seinem Pkw und kollidiert
    auf einer Bundesstraße mit einem Wildschwein, das plötzlich die
    Fahrbahn überquert. Der Pkw wird im Bereich des Kühlers und
    der Radaufhängung so stark beschädigt, dass eine Weiterfahrt
    nicht mehr möglich ist. Da Herr Hennig in der Nähe wohnt, geht
    er den Rest der Strecke, etwa 800 m, zu Fuß und ruft seine
    Werkstatt an. Vor Ort veranlasst der Kundendienst nach erfolglo-
    ser Notreparatur das Abschleppen des Fahrzeugs. Die Reparatur
    des Pkw dauert 3 Tage.

    Ihr Kunde macht folgende Ansprüche geltend, mit der Bitte um
    Erstattung:

    -   Reparaturkosten der Werkstatt in Höhe von 1.200 €

    -   Notreparaturversuch in Höhe von 100 €

    -   Abschleppkosten in Höhe von 210 €

    -   Nutzungsausfall, da der Pkw 3 Tage nicht genutzt werden
        konnte, in Höhe von 102 €

    Herr Hennig hat bei Ihnen einen Kfz-Vertrag für den Pkw abge-
    schlossen. Es besteht eine Haftpflicht mit unbegrenzter De-
    ckung und eine Auto-Plus-Versicherung.

    Teilen Sie Ihrem Kunden bitte mit, welche Kosten erstattet wer-
    den.

4. Der Versicherungsnehmer Manfred Schaeler (Wohnort: Itzehoe)
    befindet sich mit seinem Pkw auf der Fahrt nach Italien zum Gar-
    dasee. In Verona wird sein Kfz gestohlen, als er es auf einem
    Parkplatz für etwa zwei Stunden abstellte. Die Polizei hat den
    Diebstahl aufgenommen. Hinweise auf die oder den Täter gibt
    es nicht. Aufgrund der Formalitäten musste Herr Schaeler in Ver-
    ona übernachten, bevor er am nächsten Tag mit dem Taxi zum
    Zielort Lazise am Gardasee weiterfahren kann. Nach seinem
    Urlaub fährt er mit der Bahn zurück nach Itzehoe. Für das Kfz
    besteht bei Ihrer Gesellschaft eine Kfz-Haftpflichtversicherung,
    eine Teilkasko ohne Selbstbeteiligung und eine Schutzbriefabsi-
    cherung (Auto-Plus).

    Herr Schaeler macht folgenden Schaden geltend:

    -   Fahrzeugwert (Wiederbeschaffungswert) in Höhe von 33.000 €

    -   Urlaubsgepäck (Kleidung, Bargeld, Koffer usw.) in Höhe von
        1.800 €

- Übernachtungskosten in Verona in Höhe von 85 €
- Taxikosten von Verona nach Lazise in Höhe von 110 €
- Neukauf von Kleidung in Höhe von 500 €
- Rückfahrt mit der Bahn (1. Klasse) von Lazise nach Itzehoe in Höhe von 340 €
- Taxikosten von Itzehoe (Bahnhof) zur Wohnung

Informieren Sie Ihren Kunden über die Höhe der ersatzpflichtigen Schadenspositionen.

5. Auf der Fahrt zur Wohnung wird Ihr Versicherungsnehmer, Peter Kaiser, vom entgegenkommenden Pkw so stark geblendet, dass er mit seinem Auto von der Fahrbahn gerät und im Graben stecken bleibt. Ein Schaden am Auto oder am Graben ist nicht vorhanden. Herr Kaiser ruft einen Abschleppunternehmer an, der das Kfz wieder aus dem Graben zieht. Anschließend kann Herr Kaiser die Fahrt mit dem Pkw fortsetzen. Die Entfernung zur Wohnung beträgt 15 km. Herr Kaiser reicht die Rechnung über die Fahrzeugbergung in Höhe von 180 € mit der Bitte um Erstattung ein. Es bestehen bei Ihrer Gesellschaft eine Auto-Plus-Versicherung und eine Teilkasko ohne Selbstbeteiligung.

   Teilen Sie Ihrem Kunden mit, in welcher Höhe der Schaden im Rahmen der Auto-Plus erstattet wird.

Ausbildung zum geprüftenVersicherungs-fachmann IHK/zur geprüften Versicherungs-fachfrau IHK

Wiederholungsfragen zum Sachgebiet Kraftfahrtversicherung

Test 1

1. Uwe Höffner hatte einen Unfall, bei dem ein anderer Verkehrsteil-nehmer auf sein Fahrzeug auffuhr. Nach dem Austausch der Versi-cherungsnummern meldet sich die gegnerische Versicherung nicht.

    Herr Höffner fragt Sie, wie er sich jetzt verhalten soll.

    Sie antworten ihm, dass er ...

    a) seine Ansprüche direkt beim Unfallgegner geltend machen muss.

    b) sich wegen seines Direktanspruchs nur an die gegnerische Ver-sicherung wenden kann.

    c) das Recht hat, seine Ansprüche bei der gegnerischen Versiche-rung direkt geltend zu machen.

    d) seine Ansprüche über die eigene Versicherung beim Unfallgeg-ner geltend machen muss.

2. Rainer Kühlmann fährt mit seinem neuen Pkw mit 1,8 Promille gegen ein geparktes Auto. Der Schaden am Fahrzeug des Geschä-digten beträgt 10.000 €.

    Herr Kühlmann fragt Sie, ob er hierfür in Regress genommen werden kann.

    a) In der Kraftfahrt-Haftpflichtversicherung gibt es keinen Regress.

    b) Aufgrund von Trunkenheit am Steuer gibt es einen Regress von max. 1.500 €.

    c) In der Kraftfahrt-Haftpflichtversicherung gibt es lediglich bei Fah-rerflucht Regress.

    d) Aufgrund von Trunkenheit am Steuer gibt es einen Regress von max. 5.000 €.

    e) Aufgrund von Trunkenheit am Steuer gibt es einen Regress von max. 2.500 €.

3. Ihre Nachbarin Gabi Schuster erzählt Ihnen, dass sie gestern mit ihrem 3 Jahre alten Pkw einen Totalschaden verursacht hat.

Sie fragt, welche Leistungen sie aus ihrer Vollkaskoversicherung erwarten kann.

a) Sie erhält den Wiederbeschaffungswert unter Anrechnung des Abzuges „Neu für Alt".

b) Sie erhält den Wiederbeschaffungswert, um sich ein gleichwertiges, gebrauchtes Fahrzeug kaufen zu können.

c) Sie bekommt den Neupreis erstattet, wobei jedoch mit einem 10 %igen Abschlag zu rechnen ist, falls ihr Pkw nicht mit einer anerkannten elektronischen Wegfahrsperre ausgerüstet war.

d) Sollten die Reparaturkosten 70 % des Neuwertes übersteigen, erhält sie den Neuwert ihres Pkw erstattet.

4. Claus Hellmann hat für sein Cabriolet ein Saisonkennzeichen. Es ist gültig für die Monate März bis Oktober des jeweiligen Jahres (Deckungssummen: Kraftfahrt-Haftpflicht unbegrenzt, Vollkasko 300 €/Teilkasko 150 € SB).

Er möchte von Ihnen wissen, welchen Versicherungsschutz er während der Monate November bis Februar genießt.

Auf dem umfriedeten Grundstück uneingeschränkt ...

a) in der Haftpflicht

b) im Rahmen der Vollkasko

c) im Rahmen der Teilkasko

d) im Rahmen der Teil- und Vollkasko

5. Der Sohn von Hubert Walter hat mit seinem „frisierten" Mofa schuldhaft einen Auffahrunfall mit einem geparkten Pkw verursacht. Nach Aussage der Polizei ist durch das „Frisieren" des Mofas die Betriebserlaubnis erloschen. Der geschädigte Pkw-Halter macht nun Schadenersatzansprüche gemäß eines Kostenvoranschlags in Höhe von 1.425 € geltend.

Was können Sie Herrn Walter bezüglich der Schadenregulierung sagen?

a) Da das Mofa für eine höhere Geschwindigkeit „frisiert" war, besteht kein Leistungsanspruch.

b) Bei solchen Schäden besteht Versicherungsschutz nur für Personenschäden.

c) Im Rahmen der Pflichtversicherung besteht ein Leistungsanspruch an den Versicherer.

d) Ohne Betriebserlaubnis besteht grundsätzlich kein Leistungsanspruch.

6. Die Eheleute Helmer und ihre zwei Kinder erlitten mit ihrem Pkw
   einen Unfall. Auf eisglatter Fahrbahn kam Herr Helmer durch über-
   höhte Geschwindigkeit von der Straße ab. Der Pkw überschlug sich.
   Die Tochter Sabine wurde dabei verletzt und hat mit einer Invalidität
   von 50 % zu rechnen. Es besteht eine Insassen-Unfallversicherung
   (Todesfall-Leistung 20.000 €, Invaliditätsleistung 80.000 €). Dem
   Vertrag liegt das Pauschalsystem zugrunde.

   Welche Geldleistung wird vom Versicherungsunternehmen voraussichtlich erbracht?

   a) 10.000 €

   b) 15.000 €

   c) 40.000 €

   d) 60.000 €

7. Für das Fahrzeug von Maria Meier besteht eine Vollkaskoversicherung ohne Selbstbeteiligung. Auf der Landstraße flog ein Fasan
   gegen den Pkw. Dadurch wurde die Windschutzscheibe zerstört und
   die Karosserie beschädigt.
   Frau Meier fragt, welche Leistungen sie zu erwarten hat.

   Die Vollkaskoversicherung bezahlt ...

   a) den Schaden nicht, da es sich nicht um einen Zusammenstoß
      mit Haarwild handelte.

   b) den Glasschaden, nicht aber die Karosseriebeschädigung.

   c) den gesamten Schaden und nimmt eine Rückstufung vor.

   d) nur den Schaden an der Karosserie und nimmt eine Rückstu-
      fung vor.

8. Grete Meis lebt von ihrem Mann getrennt, der Scheidungstermin
   ist bereits festgesetzt. Für den Umzug in seine neue Wohnung leiht
   sie ihrem Mann das Auto. Als Herr Meis ihr das Fahrzeug zurück-
   bringen will, verursacht er einen Unfall mit Totalschaden an ihrem
   Pkw. Eine Vollkaskoversicherung besteht nicht.

   Frau Meis möchte wissen, ob sie Ansprüche aus diesem Kfz-Scha-
   den über ihre KH-Versicherung gegen ihren Mann geltend machen
   kann.

   a) Nein, da Familienangehörige grundsätzlich keine Ansprüche
      gegeneinander geltend machen können.

   b) Ja, da durch die anstehende Scheidung der Ausschluss für Fa-
      milienangehörige nicht mehr wirksam wird.

   c) Ja, da sie Geschädigte ist und damit Ansprüche gegen den be-
      rechtigten Fahrer geltend machen kann.

   d) Nein, da Ansprüche des Versicherungsnehmers gegen mitversi-
      cherte Personen nur bei Personenschäden versichert sind.

9. Der Versicherer kündigt wegen zahlreicher Schäden den Kraftfahrt-Haftpflichtvertrag für das Wohnmobil von Walter Krause. Herr Krause möchte nun sein Fahrzeug bei Ihrer Gesellschaft versichern.

   Was sagen Sie ihm zur Annahme seines Antrages?

   Der Versicherer muss den Antrag ...

   a) annehmen, weil für alle Kraftfahrzeuge Annahmezwang besteht.

   b) nicht annehmen, weil der Kraftfahrt-Haftpflichtvertrag vom Vorversicherer wegen zahlreicher Schäden gekündigt wurde.

   c) annehmen, kann aber eine vom allgemeinen Unternehmenstarif abweichende Prämie verlangen.

   d) nicht annehmen, weil für Wohnmobile kein Annahmezwang besteht.

10. Svenja Pachel hat bei Ihrer Gesellschaft eine Kfz-Haftpflichtversicherung mit unbegrenzter Deckung. Ein Bekannter erzählt ihr, dass die gesetzlichen Deckungssummen günstiger und ebenfalls ausreichend sind.

    Frau Pachel fragt Sie, welche Gründe für eine unbegrenzte Deckungssumme sprechen.

    Sie nennen ihr folgende Argumente:

    Ihre Kfz-Haftpflichtversicherung ...

    (1) haftet im Rahmen der Verschuldenshaftung in unbegrenzter Höhe.

    (2) haftet im Rahmen der Gefährdungshaftung in unbegrenzter Höhe.

    (3) haftet auch für die Schäden, die über die gesetzlichen Deckungssummen hinausgehen.

    (4) Nur mit unbegrenzter Deckungssumme kann man eine Internationale Versicherungskarte erhalten.

11. Hermann Jürgens hat sich einen kleinen zulassungspflichtigen Pkw-Anhänger gekauft. Er fragt Sie, weshalb er für einen solch kleinen Anhänger überhaupt eine Kraftfahrt-Haftpflichtversicherung benötigt?

Welches Beispiel geben Sie Herrn Jürgens zur Bedeutung dieser Versicherung?

Die Kraftfahrt-Haftpflicht leistet ...

a) für Schäden, die beispielsweise dadurch entstehen, dass der Anhänger nicht ordnungsgemäß abgestellt wurde.

b) für Schäden durch Ladung, die während des Transportes andere Fahrzeuge beschädigt.

c) wenn sich der Anhänger vom ziehenden Fahrzeug löst und dadurch einen Schaden verursacht.

d) wenn durch den angekuppelten Anhänger ein anderes Fahrzeug beschädigt wird.

12. Frank John erhält in wenigen Tagen seinen neuen Pkw, den er wieder bei Ihrer Gesellschaft versichern möchte. Sie erklären ihm die Funktion der vorläufigen Versicherungsbestätigung gemäß Pflichtversicherungsgesetz.

Die vorläufige Versicherungsbestätigung wird zur Zulassung benötigt und bestätigt ...

(1) die vorläufige Deckung in der Kraftfahrt-Haftpflichtversicherung.

(2) die vorläufige Deckung in der Vollkaskoversicherung.

(3) das Bestehen einer Kraftfahrt-Haftpflichtversicherung mit unbegrenzter Deckung.

(4) das Bestehen einer Kraftfahrt-Haftpflichtversicherung mit Mindestdeckungssummen.

13. Wolfgang Thales hat bei Ihrer Gesellschaft einen BMW und als Zweitwagen einen Golf versichert. Sein Sohn beschädigt mit dem Golf den BMW des Vaters.

Herr Thales fragt, ob dieser Schaden über die Kraftfahrt-Haftpflichtversicherung des Zweitwagens gedeckt ist.

Dieser Schaden ist ...

a) im Rahmen der Deckungssummen für Sachschäden abgedeckt.

b) nicht abgedeckt, da für Schäden mitversicherter Personen untereinander nicht geleistet wird.

c) nicht abgedeckt, da der Vater für beide Fahrzeuge Versicherungsnehmer ist.

d) abgedeckt, da es sich um ein Verschulden handelt.

14. Udo Belke informiert Sie, dass er seinen Jahresurlaub in Polen verbringen wird. Er bittet Sie um Ihren Besuch, da er vor Reiseantritt noch einige Versicherungsfragen mit Ihnen besprechen möchte. Für die Beratung stellen Sie eine Internationale Versicherungskarte (IVK) aus, die Sie dem Kunden geben.

Er fragt Sie, welche Funktion die Büros der Besucherländer haben, die auf der IVK abgedruckt sind.

Die Büros ...

a) leisten Hilfestellung in jedem Schadenfall.

b) übernehmen alle Verpflichtungen des inländischen Versicherers.

c) vermitteln einen ortsansässigen Rechtsanwalt.

d) sorgen für die Regulierung durch eine im Besucherland ansässige Gesellschaft.

15. Peter Böltner meldet Ihnen, dass an seinem Fahrzeug zwei Reifen zerstochen wurden, wobei auch die Bremsanlage beschädigt wurde. Herr Böltner hat eine Vollkaskoversicherung (VK) mit 300 € Selbstbeteiligung (Teilkasko ohne SB).

Er möchte nun wissen, ob die Versicherung den Schaden übernimmt.

Die Versicherung ersetzt den ...

a) Schaden an der Bremsanlage, weil Reifenschäden ausgeschlossen sind.

b) Schaden nach Abzug der Selbstbeteiligung ohne Rückstufung in der Vollkasko.

c) Schaden nach Abzug der Selbstbeteiligung mit Rückstufung in der Vollkasko.

d) Schaden nicht aufgrund eines bedingungsgemäßen Ausschlusses.

16. Paul Leenen hat für seinen gebraucht gekauften Pkw eine Vollkaskoversicherung mit 1.000 € Selbstbeteiligung (Teilkasko mit 300 € SB) bei Ihrer Gesellschaft abgeschlossen. Er informiert Sie, dass er mit seinem Pkw gegen einen Baum gefahren ist. Der Pkw ist in der Zwischenzeit von einem vereidigten Sachverständigen besichtigt worden, der Folgendes festgestellt hat:

a) Wiederbeschaffungswert   7.500 €

b) Reparaturkosten   8.250 €

c) Restwert des Pkw   1.000 €

Welche Entschädigungsleistung können Sie Herrn Leenen in Aussicht stellen, wenn er ein Fahrzeug kauft?

17. Für das Kfz der Familie Mertens besteht eine Insassen-Unfallversicherung nach dem Pauschalsystem (50.000 € Tod/100.000 € Invalidität). Während eines Ausflugs ereignet sich ein Verkehrsunfall, bei dem von den vier Insassen das 13-jährige Kind getötet wird.

Welche Entschädigung wird geleistet?

a) 75.000 €

b) 50.000 €

c) 27.500 €

d) 18.750 €

e) 10.000 €

18. Sie sprechen mit Claus Busch über die Notwendigkeit einer Fahrzeug-Vollkaskoversicherung. Herr Busch fährt seit vielen Jahren unfallfrei, ihm ist noch nie etwas passiert. Außerdem ist er der Meinung, dass eine Vollkaskoversicherung für seinen neuen Pkw zu teuer ist.

Welches Argument ist am besten geeignet, Herrn Busch vom Einschluss der Vollkaskoversicherung zu überzeugen?

a) Die Verkehrsdichte ist gestiegen und deshalb hat die Unfallwahrscheinlichkeit zugenommen.

b) Der Schadenfreiheitsrabatt in der Vollkaskoversicherung richtet sich erstmalig nach dem Schadenfreiheitsrabatt in der Haftpflicht.

c) Mit der Vollkaskoversicherung wird der Neuwert des Fahrzeuges abgesichert.

d) Die Vollkaskoversicherung übernimmt Schäden unabhängig von der Schuldfrage.

19. Uwe Voigt möchte seinen neuen Pkw versichern. Er erzählt Ihnen, dass er bei seinem bisherigen Versicherer wegen Zahlungsverzugs keine neue Doppelkarte erhält.

Ist Ihre Gesellschaft verpflichtet, Herrn Voigt Haftpflichtversicherungsschutz zu gewähren?

a) Ja, bei sofortiger Zahlung der Erstprämie.

b) Ja, da dies im Pflichtversicherungsgesetz verankert ist.

c) Nein, nur unter bestimmten Voraussetzungen muss Ihre Gesellschaft ihn annehmen.

d) Nein, für Pkw besteht kein Annahmezwang.

20. Bei der Einsicht in die Versicherungsunterlagen von Roland Stade stellen Sie fest, dass zu seiner Kfz-Versicherung keine Insassen-Unfallversicherung besteht. Sie empfehlen ihm den Abschluss einer Insassen-Unfallversicherung.

Welche der nachfolgenden Aussagen zum Umfang des Versicherungsschutzes sind richtig?

Die Insassen-Unfallversicherung bezieht sich auf Unfälle beim ...

1) Reparieren des Fahrzeuges.
2) Be- und Entladen des Fahrzeuges.
3) Ein- und Aussteigen aus dem Fahrzeug.
4) Lenken des Fahrzeuges.

     a) 3/4
     b) 1/3/4
     c) 2/3/4
     d) 1/2/3/4

Test 2

1. Herr Carsten Wien hat am Samstag seinen Pkw an seinen Sohn Volker verliehen. Volker hat seit zwei Jahren den Führerschein und ist ein umsichtiger Fahrer. Doch diesmal passiert es: Nach einem Kneipenbesuch fährt er das Fahrzeug gegen einen Baum. Die Polizei stellt später 0,6 Promille Blutalkohol fest.

   Wie wird sich der Versicherer hinsichtlich der bestehenden Vollkaskoversicherung verhalten?

   Der Versicherer wird den Schaden am Pkw …

   a) nicht ersetzen, weil eine Obliegenheitsverletzung gemäß AKB vorliegt.

   b) wegen Vorsatz ablehnen.

   c) ersetzen, da der Versicherungsnehmer keine Obliegenheitsverletzung begangen hat.

   d) an die Verkehrsopferhilfe in Hamburg zur Bearbeitung weiterleiten.

2. Auf der Autobahn Köln – Aachen platzte bei 140 km/h ein Vorderreifen, obwohl das Kfz in ordnungsgemäßen Zustand war und der Fahrer die zulässige Geschwindigkeit einhielt. Der Pkw zog nach links und brachte einen Motorradfahrer zu Fall.

   Die Schadenersatzansprüche des Motorradfahrers belaufen sich auf:

Reparatur des Motorrades:	6.000 €
Krankenhauskosten:	17.000 €
Schmerzensgeld:	5.000 €

   Welche Leistung erbringt die Versicherung des Schädigers?

3. Jenny Martin möchte ihr Motorrad in den nächsten Monaten privat verkaufen. Im Kundengespräch spricht Sie Frau Martin auf einen Zeitungsartikel an, in dem berichtet wird, dass Kaufinteressenten von Motorrädern von der Probefahrt nicht mehr zurück gekommen sind.

   Sie fragt, ob ein derartiger Schaden im Rahmen der Teilkasko versichert ist.

   a) Nein, da das Fahrzeug von einem unberechtigten Fahrer genutzt wird.

   b) Nein, da die Unterschlagung eines Fahrzeugs in der Teilkasko nicht mitversichert ist.

   c) Ja, wenn sich Frau Martin Name und Adresse des Kaufinteressenten notiert hat.

   d) Ja, da die Entwendung bedingungsgemäß in der Teilkasko eingeschlossen ist.

4. Berthold Balmer war auf der Autobahn unterwegs. Ein vorherfahrender Pkw schleuderte bei sehr hoher Geschwindigkeit einen Kieselstein auf die Windschutzscheibe des Herrn Balmer. Diese ging dadurch zu Bruch.

    Beim Aufnehmen der Schadenanzeige zur Kaskoversicherung fragt Herr Balmer, ob er den Fahrer des vorausfahrenden Pkw haftbar machen kann.

    Sie antworten, dass der Fahrer des vorausfahrenden Pkw ...

    a) nicht haftbar gemacht werden kann, da ein unabwendbares Ereignis vorliegt.

    b) aufgrund der Verschuldenshaftung haftbar gemacht werden kann.

    c) aufgrund der Verschuldenshaftung haftbar gemacht werden kann, wenn er über 130 km/h gefahren ist.

    d) aufgrund der Gefährdungshaftung haftbar gemacht werden kann.

    e) aufgrund der Gefährdungshaftung in jedem Fall haftet.

5. Für Kai Müller besteht bei Ihrer Gesellschaft eine Vollkaskoversicherung mit 300 € Selbstbeteiligung und eine Teilkaskoversicherung mit 150 € Selbstbeteiligung. Am 7.5. wurde ihm sein drei Jahre alter Pkw während eines Urlaubs in Südfrankreich gestohlen. Am gleichen Tag meldete Herr Müller den Diebstahl bei der örtlichen Polizei. Am nächsten Morgen zeigte er den Diebstahl bei der Geschäftstelle seiner Versicherung in Deutschland an.

    Wann kann Herr Müller mit der Ersatzleistung rechnen, wenn der Pkw nicht gefunden wird?

    a) 21.05.

    b) 07.06.

    c) 08.06.

    d) 07.07.

6. Volker Lindner hat vor 2 Jahren für seinen Pkw eine Vollkaskoversicherung abgeschlossen. Jetzt hat er einen Unfall verursacht. Berufsbedingt muss Herr Lindner für die Dauer der Reparatur seines Pkw einen Mietwagen nehmen.

    Er erkundigt sich bei Ihnen, ob der Versicherer die Kosten für den Mietwagen übernimmt.

    a) Ja, bedingungsgemäß für die Dauer der Reparatur.

    b) Nein, er kann lediglich Nutzungsausfall beanspruchen.

    c) Ja, allerdings nur für eine niedrigere Fahrzeugklasse.

    d) Nein, die Kaskoversicherung befasst sich nur mit Schäden am versicherten Fahrzeug.

7. Raphael Göllner ist leidenschaftlicher Motorradfahrer. In den Winter-
    monaten (Oktober bis April) fährt er aber einen Pkw. Im Frühjahr
    meldet er den Pkw ab und auf den gleichen Vertrag, der in SF 8 ein-
    gestuft ist, das Motorrad wieder an. Im Sommer verursacht er mit
    dem Motorrad einen Haftpflichtschaden.

    Was empfehlen Sie Ihrem Kunden, damit er für den Pkw den best-
    möglichen SFR bekommt?

    a) Wiederzulassung des Pkw sofort und Neuvertrag für das Motor-
        rad
    b) Wiederzulassung des Pkw im Folgejahr
    c) Fahrzeugwechsel im gewohnten Rhythmus
    d) Neuvertrag für den Pkw

8. Wolfgang Kaul hatte bisher bei Ihrer Gesellschaft für sein älteres
    Fahrzeug eine Haftpflicht- und Teilkaskoversicherung. Da er sich erst-
    mals einen neuen Pkw angeschafft hat (Wert 45.000 €), empfehlen
    Sie ihm, in diesem Fall eine Vollkaskoversicherung zu beantragen.

    Mit welchen Beispielen zeigen Sie Herrn Kaul die Vorteile der Voll-
    kaskoversicherung auf?

    1) Zerkratzen des Lacks durch Dritte
    2) Zerschlagen der Windschutzscheibe
    3) Beschädigung des Fahrzeuges durch selbstverschuldeten Unfall
    4) Diebstahl des Fahrradhalters vom Dach des Pkw
    5) Verschmutzung der Sitzpolster anlässlich der Beförderung eines
        Unfallopfers
    6) Diebstahl aller Reifen einschließlich Felgen

9. Hannes Bogart erzählt Ihnen, dass er für den nächsten Monat einen
    Urlaub mit seiner Familie plant. Er möchte mit seinem Pkw nach
    Italien fahren.
    Sie weisen ihn auf die Bedeutung der Internationalen Versicherungs-
    karte hin.

    Die Internationale Versicherungskarte ...

    a) bietet im Ausland ihm Rahmen der Gefährdungshaftung nach den
        Regeln des Besucherlandes Versicherungsschutz.
    b) bestätigt im Ausland den Deckungsumfang des Versicherungs-
        vertrages.
    c) bestätigt im Ausland den Deckungsumfang zur Haftpflichtversi-
        cherung nach den Mindestregeln des Besucherlandes.
    d) bestätigt, dass in der Bundesrepublik eine bezahlte Kraftfahrt-
        Haftpflichtversicherung nach den deutschen Mindestdeckungs-
        summen besteht.

10. Familie Bergmann fährt zum Tierpark. Herr Bergmann bleibt im Pkw sitzen und liest Zeitung. Da springt plötzlich ein Reh über den Zaun auf die Motorhaube. Die Motorhaube wird eingedrückt und die Frontscheibe zersplittert. Herrn Bergmann selbst passiert nichts.

Er ruft Sie an und fragt, ob seine Teilkaskoversicherung ohne SB den Schaden übernimmt.

a) Ja, weil Schäden durch Glasbruch und Zusammenstoß mit Haarwild versichert sind.

b) Ja, aber nur den Glasbruchschaden.

c) Nein, weil das Fahrzeug geparkt war.

d) Nein, weil das Tier aus dem Tierpark entwichen ist.

11. Andreas Rhode hat sein Motorrad nach der Motorradsaison abgemeldet. Für das Motorrad bestand eine Kraftfahrt-Haftpflicht- und eine Teilkaskoversicherung ohne Selbstbeteiligung. Als er sein Motorrad in der Doppelgarage winterfest machen will, fällt dieses um und beschädigt den Pkw des Nachbarn. Darüber hinaus zerbrechen am Motorrad der Scheinwerfer und die Blinkergläser.

Herr Rhode fragt Sie, welcher Schaden übernommen wird.

a) Blinker und Scheinwerfer

b) Schaden am fremden Pkw

c) Blinker, Scheinwerfer und Schaden am fremden Pkw

d) keine Schadenübernahme, da das Motorrad abgemeldet war

12. Helga Stücker verleiht ihren Pkw an ihren Neffen. Dieser verursacht schuldhaft im betrunkenen Zustand einen Auffahrunfall. Es entsteht erheblicher Personen- und Sachschaden, der vom Versicherer reguliert wird.

Bei wem kann der Versicherer Regress nehmen?

a) Bei Frau Stücker, als Halterin des Fahrzeuges.

b) Bei dem Neffen, der das Fahrzeug gefahren hat.

c) Bei Frau Stücker und dem Neffen, da sie Versicherungsnehmerin und er berechtigter Fahrer war.

d) Weder bei Frau Stücker noch ihrem Neffen.

13. Im Beratungsgespräch fragt Sie Frau Ellen Hofer nach den Unter-
schieden zwischen dem Pauschal- und dem Platzsystem in der
Insassen-Unfallversicherung.

Welche Aussagen sind richtig?

1) Beim Platzsystem ist jeder versicherte Platz mit einer bestimmten Summe versichert.

2) Beim Pauschalsystem wird die Versicherungssumme durch die
Anzahl der Plätze geteilt.

3) Beim Pauschalsystem wird die Versicherungssumme durch die
Anzahl der im Kfz befindlichen Personen geteilt.

4) Beim Platzsystem erhöhen sich die Summen um 50 %, wenn
sich mindestens 2 Personen im Kfz befinden.

14. Lars Raukes hörte morgens, dass in der Nachbarschaft randaliert
worden ist. Da er seinen Pkw wegen des anstehenden Urlaubs
bereits beladen hatte, kontrollierte er den Zustand seines Fahrzeugs
und stellte fest, dass die Randalierer den Dachgepäckträger entwendet und alle 4 Reifen zerstochen haben.

In welchem Umfang hat Herr Raukes über seine Vollkaskoversicherung Versicherungsschutz?

Es besteht …

a) Versicherungsschutz unter Berücksichtigung der eventuell
bestehenden Selbstbeteiligung.

b) lediglich für die zerstochenen Reifen Versicherungsschutz.

c) Versicherungsschutz für den entwendete Dachgepäckträger,
wenn der Schaden nicht zwischen 22.00 und 6.00 Uhr eingetreten ist.

d) kein Versicherungsschutz.

e) Versicherungsschutz für den entwendeten Dachgepäckträger,
nicht jedoch für den Reifenschaden.

15. Jutta Greven ist eine sehr gewissenhafte und korrekte Autofahrerin.
    Sie überprüft regelmäßig den technischen Zustand ihres Fahrzeuges.
    Bei einer Autobahnfahrt platzt plötzlich der rechte Vorderreifen, und
    der Pkw beschädigt die Mittelleitplanke. Frau Greven kann nicht ver-
    stehen, dass sie jetzt für den Schaden an der Leitplanke aufkommen
    soll.

    Sie erklären ihr, dass sie auch für Schäden aufkommen muss, die
    kein schuldhaftes Verhalten voraussetzen.

    Hier gilt der Grundsatz der ...

    a) Straßenverkehrshaftung

    b) Verschuldenshaftung

    c) Gefährdungshaftung

    d) Haftung aus vermutetem Verschulden

    e) Verschuldens- und Gefährdungshaftung

16. Rudolf Wagner hat seinen 1 ½ Jahre alten Pkw mit Wegfahrsperre
    bei Ihrer Gesellschaft versichert. Sie erläutern ihm den Umfang der
    Fahrzeugversicherung.

    Herr Wagner fragt Sie nach den Entschädigungsleistungen im Falle
    eines Teilediebstahles.

    Der Versicherer ...

    a) ersetzt den Wiederbeschaffungswert.

    b) ersetzt den Wiederbeschaffungswert abzüglich 10 %.

    c) ersetzt den Wiederbeschaffungswert, weil eine Wegfahrsperre
       eingebaut ist.

    d) nimmt einen bedingungsgemäßen Abzug „neu für alt" vor.

17. Ulrike Range verursacht im August einen Kfz-Haftpflichtschaden mit
    ihrem Motorrad. Dieses wird nach dem Unfall verschrottet; der Ver-
    trag wird aufgehoben. Aufgrund ihrer Verletzungen lässt Frau Range
    erst im Mai des Folgejahres einen Pkw zu, der ab Zulassungsdatum
    auf sie versichert wird.

    Frau Range erkundigt sich bei Ihnen, inwiefern sich der Motorrad-
    schaden auf den Versicherungsvertrag ihres Pkw auswirkt.

    Sie erläutern ihr, dass ...

    a) die Rückstufung zum 1.1. auf Basis des Motorradvertrages er-
       folgt (Krad-Staffel).

    b) die Rückstufung zum 1.1. auf Basis des Pkw-Vertrages erfolgt
       (Pkw-Staffel).

    c) die Rückstufung mit Zulassung des Pkw gemäß der Pkw-Staffel
       vorgenommen wird.

    d) keine Rückstufung erfolgt, da der Vertrag mehr als 6 Monate un-
       terbrochen war.

18. Herr Fischer macht mit seiner Freundin einen Sonntagsausflug in die Eifel. Wegen überhöhter Geschwindigkeit kommt Herr Fischer von der Fahrbahn ab und prallt gegen einen Baum. Die Freundin wird verletzt, ihre Brille geht zu Bruch.

Wie wird die Kraftfahrt-Haftpflichtversicherung (KH) von Herrn Fischer den Schaden regulieren?

Die KH wird …

a) den Gesamtschaden der Freundin ablehnen.

b) nur den Sachschaden der Freundin ersetzen.

c) nur den Personenschaden der Freundin ersetzen.

d) den Personen- und Sachschaden der Freundin ersetzen.

19. Ingo Setter hat bei Ihrer Gesellschaft sein privates Wohnmobil versichert. Er möchte dieses Fahrzeug gelegentlich für 50 € am Tag vermieten.

Herr Setter fragt daraufhin, ob hierfür Versicherungsschutz besteht.

Sie erläutern ihm, dass …

a) bei gelegentlicher Vermietung an Privatpersonen uneingeschränkt Versicherungsschutz besteht.

b) der veränderte Verwendungszweck des Fahrzeugs eine Vertragsänderung notwendig macht.

c) Versicherungsschutz besteht, auch ohne Meldung beim Versicherer.

d) Versicherungsschutz besteht, wenn der veränderte Verwendungszweck des Fahrzeuges angezeigt wird.

20. Ulrich Rabe ist mit seinem Golf bei Ihrer Gesellschaft versichert. Es besteht eine Kraftfahrt-Haftpflicht- und eine Teilkaskoversicherung mit 150 € SB. Letzte Nacht haben unbekannte Täter die Nebelscheinwerfer entwendet (200 € und den rechten vorderen Reifen zerstochen – 80 €).

Mit welcher Entschädigung kann Herr Rabe rechnen?

a) 50 €

b) 130 €

c) 200 €

d) 280 €

e) keine Entschädigung

Stichwortverzeichnis

Geprüfte/-r Fachwirt/Fachwirtin für Versicherungen und Finanzen
Die klassische Fortbildung in der Assekuranz

Weil Ihre Zukunft heute beginnt

Sie haben Ihre Ausbildung Kaufmann/Kauf-
frau für Versicherungen und Finanzen erfolg-
reich abgeschlossen und wollen jetzt noch
mehr für sich und Ihre berufliche Zukunft tun.
Werden Sie zum „Meister der Branche":

- Passgenauer Aufbau auf Ihre Ausbildung
  Kaufmann/Kauffrau für Versicherungen und
  Finanzen
- Modulare Struktur bietet individuelle
  Wahlmöglichkeiten mit breiter beruflicher
  Perspektive
- Vorbereitung auf typische Tätigkeitsfelder
  im: Produktmanagement, Vertriebsmanage-
  ment, Risikomanagement, Schaden- und
  Leistungsmanagement
- Abschluss, der weitere
  Qualifikationsmöglichkeiten bis hin zum
  Hochschulstudium eröffnet
- Berufsbegleitend als Präsenzfortbildung an
  über 40 BWV Regional in Deutschland oder
  als online-gestützter Fernlehrgang bei der
  Deutschen Versicherungsakademie (DVA)

**Informieren Sie sich
unter www.fachwirt-welt.de!**

Weitere Information und Beratung:

Berufsbildungswerk der Deutschen
Versicherungswirtschaft (BWV) e.V.
Arabellastraße 29
81925 München
Tel. 089 922001-30
info-bb@bwv.de

www.bwv.de

Eine Branche
macht Bildung

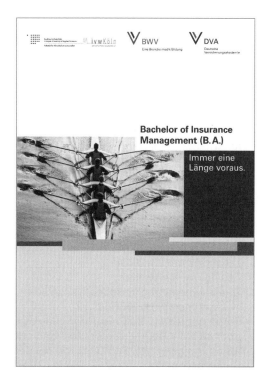
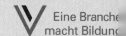